Wir trennen uns, was tun wir für unsere Kinder?

Geschrieben von
Peter Balscheit,
Walter Gasser,
Constantina Haefliger
und Vera Kling

Teil 2:
An die Eltern

Verlag Pro Juventute

INHALTSVERZEICHNIS

Umschlaggestaltung und Zeichnungen
von Magi Wechsler

Druck: Buchdruckerei Flawil AG

ISBN 3 7152 0139 8

WIR DANKEN

Wir möchten den Eltern und den vielen Kindern besonders danken für ihre guten Hinweise. Ein ganz herzlicher Dank für das kritische Lesen unseres Buchentwurfes und für die Anregungen geht an:

Liselotte Burkhardt, Sozialarbeiterin/Familienberaterin
René Bacher, Dr. iur., Obergerichtspräsident
Camill Büsser, dipl. Psychologe
Josef Duss, Dr. Dr., Leiter des Instituts für Ehe und Familie
Mirjam Hagmann-Alder, dipl. Heilpädagogin
Verena Krähenbühl, Professorin für Sozialarbeit
Urs Murer, dipl. Psychologe
Christine von Passavant, Sozialarbeiterin/Familienberaterin
Marlies Odermatt, Sozialarbeiterin/Familienberaterin

Danken möchten wir auch Mona Steck für das Schreiben des Manuskripts und Rolf Zäh für die Mithilfe bei der Materialsammlung.

Verlag und Autoren danken folgenden Institutionen für die finanzielle Unterstützung:

Eidgenössisches Departement des Innern

Schweizerische Gemeinnützige Gesellschaft, Zürich

Schweizerische Kranken- und Unfallkasse, Bern

EINLEITUNG

Liebe Mutter, lieber Vater, liebe Eltern

Zunächst ein paar Worte über unsere Einstellung zu Ehe und Scheidung:
Wir wollen weder Propaganda für die Scheidung noch Reklame für die Beibehaltung der Ehe um jeden Preis machen. Dieses Buch soll kein Ratgeber pro oder contra Scheidung sein. Sondern wir wollen der Tatsache Rechnung tragen, dass wir alle in einer Zeit leben, in der Beziehungen zwischen Männern und Frauen leichter aufgelöst werden als früher. Wir gehen davon aus, dass eine Entscheidung für Trennung oder Scheidung nur von Ihnen gefällt werden kann und vielleicht bereits vor dem Kauf dieses Buches gefallen ist.
Falls Sie beim Lesen eine Anleitung für die Bewältigung Ihrer besonderen Situation finden könnten, so wäre damit *ein* Ziel dieses Buches erreicht. Sollten Sie jedoch ganz anderer Auffassung sein als wir, so wird dies sicher gute Gründe haben. In diesem Falle könnte dieser Teil unseres Buches einen Denkanstoss und eine Anregung zur Auseinandersetzung mit Ihrer spezifischen Familiensituation darstellen. Auch dies läge in unserer Absicht.
Vermutlich haben Sie das Buch in erster Linie deshalb gekauft, weil Sie sich Gedanken darüber gemacht haben, wie Ihre Kinder die Situation der Trennung oder Scheidung in Ihrer Familie bewältigen können. Eine Scheidung ist eine Herausforderung für die *ganze* Familie. Für die Erwachsenen gibt es als Unterstützung eine ganze Reihe von Hilfsangeboten: Bücher, Kurse, Selbsthilfegruppen, Vereinigungen für Alleinstehende oder Alleinerziehende. Für die Kinder gibt es nichts Organisiertes. Es ist die Absicht dieses Buches, hier eine Lücke schliessen zu helfen und den Kindern am Beispiel einer Familie – der Familie Tausend – Möglichkeiten zu vermitteln, wie sie mit ihrer besonderen Situation besser fertig werden können.
Wir sind der Überzeugung, dass Sie als Eltern, die ihre Kinder in dieser schwierigen Zeit nicht sich selber überlassen, ihnen auch am besten helfen können, all das Schwere zu bewältigen. Falls Ihre Kinder noch nicht in die Schule gehen, so haben wir zu Ihrer Unterstützung im Anhang eine Geschichte zum Vorlesen beigefügt. Für Schulkinder bis etwa neun Jahre wäre es am sinnvollsten, wenn sie den ersten Teil des Buches mit Vater und Mutter gemeinsam oder mit einem älteren Geschwister lesen und anschauen würden. Dabei können traurige Gefühle bei den Kindern entstehen, die ganz natürlich sind und vor denen Sie nicht zurückschrecken müssen. In keinem Fall aber sollten Kinder oder Jugendliche dazu genötigt werden, sich mit diesem Buch zu beschäftigen. Es könnte sein, dass sie gerade in einer Phase stecken, in der sie vom Thema ‹Trennung› oder ‹Scheidung› nichts hören wollen. Dann hilft es ihnen vielleicht, wenn ihr scheinbares Desinteresse von den Eltern respektiert wird.

Da in dem nachfolgenden zweiten Teil des Buches für die Eltern immer wieder Bezug auf den ‹Kinderteil› genommen wird, ist es notwendig, dass Sie als Eltern den Teil, der für die Kinder geschrieben wurde, auch lesen.
Beim Schreiben der folgenden Kapitel haben auch wir unsere Grenzen erlebt: Es ist nicht möglich, allgemeingültige Ratschläge zu erteilen, die für *alle* Familien gelten könnten; denn was für die Familie Tausend gut ist, muss für die Familie X oder Y nicht stimmen. Wir wissen aber aus unserer Erfahrung als Familientherapeutinnen und -therapeuten, wie leicht während der Trennung Gefühle der Entmutigung und des Versagens entstehen. Dieser Teil des Buches soll diesen Gefühlen entgegenwirken und Ihnen Mut machen, aus Ihrer Trennungs- oder Scheidungssituation das Beste für sich und Ihre Familie, für die Erwachsenen und für die Kinder zu machen und in positivem Sinne aktiv zu werden.

FAMILIE – WAS IST DAS?

Allgemein gesagt bezeichnen wir mit dem Begriff ‹Familie› eine Lebensform, die als ein Grundpfeiler unserer Gesellschaft gilt und deren Gründung, Bestehen und Auflösung (wir werden noch sehen, ob das überhaupt möglich ist!) von privaten und gesetzlichen Ritualen umgeben wird.

Familie – das ist ein Wort, das die verschiedensten Gefühle und die unterschiedlichsten Gedankenverbindungen weckt:
Für manche Menschen ist es das gleiche wie Geborgenheit, Wärme, Schutz, aber auch Freiheit, Spiel, Kräftemessen, ohne dass einer zum Verlierer wird, kurz: Familie ist in diesem Fall ein Begriff, der sehr angenehme Empfindungen weckt.
Anderen Menschen fällt beim Hören oder Lesen dieses Wortes eher Unangenehmes ein. Sie denken dabei an Macht und Gewalt, an Einengung und Unfreiheit, Kälte, Streit, Isolation oder an Trauer, Krankheit, Langeweile – eben an eine ganze Kette unangenehmer Gefühlserlebnisse.
Bei den meisten Menschen jedoch wird das Wort ‹Familie› ein wahres Gemisch von unterschiedlichen Gefühlen auslösen, von positiven und negativen, so, wie wir alle in unseren Familien angenehme und unangenehme Erlebnisse hatten und haben. Für jeden von uns, Kind oder Erwachsenen, bedeutet ‹Familie› etwas ganz Eigenes, Unverwechselbares, das nur für diesen einen Menschen gilt und für niemand anderen.

Obwohl ‹Familie› etwas Schillerndes und für jeden etwas anderes ist, möchten wir die Frage stellen, ob nicht dennoch – trotz aller Verschiedenheit – bestimmte Gegebenheiten für *alle Familien* zutreffen, ob es nicht doch *Gemeinsamkeiten* gibt.
Wir denken an das Beispiel aus dem 1.Teil dieses Buches: Manu, Alfred und Klein-Heidi Tausend leben zunächst mit ihren Eltern in einer gemeinsamen Wohnung. Alle tragen den gleichen Familiennamen, Tausend, der auch auf dem Wohnungsschild steht, so dass für jeden Fremden klar ist: Hier wohnt eine Familie.
Später lassen sich Herr und Frau Tausend scheiden. Die Kinder leben mit ihrer Mutter zusammen, die ihren Ledigennamen wieder angenommen hat. Manu, Alfred und Klein-Heidi tragen den gleichen Familiennamen wie der Vater. Der Vater hat nach der Scheidung eine andere Frau geheiratet und mit ihr zusammen ein Kind bekommen.
Wer zählt nun zur Familie von Manu, Alfred und Klein-Heidi? Kann man Mutter und Kinder zusammen als Familie bezeichnen, obwohl sie ohne Vater miteinander leben? Und wie sieht es mit dem Vater aus? Die Leute sagen: ‹Er hat eine neue Familie gegründet.› Hat damit seine Familienzugehörigkeit zu Manu, Alfred, Klein-Heidi und deren Mutter aufgehört?
In beiden Fällen handelt es sich um sehr unterschiedliche Gruppierungen von Menschen. Sind beides Familien? Und wenn dies der Fall ist, haben sie dann trotz ihrer Verschiedenheit Ähnlichkeiten?

Wir können diese Frage leichter beantworten, wenn wir uns vorher überlegen, wie eine Familie *entsteht* und woran man sie *erkennen* kann.
Wenn eine Frau und ein Mann ohne Eheschliessung miteinander leben, dann sind sie ein Paar. Heiraten sie, so werden sie zu einem Ehe-Paar. Ob mit oder ohne Trauschein – in beiden Fällen spricht man nicht von einer Familie. Sowie jedoch Frau und Mann ein Kind miteinander zeugen, werden sie zu Vater und Mutter und damit zu den *Eltern* des Kindes.

Mit der Geburt eines Kindes werden drei Personen zu einer Familie

Ob die Eltern miteinander verheiratet sind oder nicht, spielt keine Rolle. Ausschlaggebend ist lediglich die biologische Beziehung, mit der die Verpflichtung der Eltern einhergeht, für das Aufwachsen des Kindes zu sorgen.
Eltern und Kind haben körperliche Gemeinsamkeiten. Die Redensart ‹In ihren Adern fliesst das gleiche Blut› und das Sprichwort ‹Blut ist dicker als Wasser› veranschaulichen, dass zwischen Eltern und ihren Kindern eine sogenannte Blutsverwandtschaft besteht, die sie eng miteinander verbindet. Da sich ein Kind aus verschmelzenden Körperzellen von Mutter und Vater entwickelt, können Eltern ihren Kindern sichtbare körperliche Merkmale vererben wie Gesichtsschnitt, Haar- und Augenfarbe, Körperbau. Auch unsichtbare Merkmale können vererbt werden, sogenannte ‹Anlagen› oder ‹Dispositionen›, die sich zu bestimmten Fähigkeiten entwickeln, wenn die Umstände dafür günstig sind. Es kann sich dabei um Begabungen handeln, aber auch zum Beispiel um die Art des Alterungsprozesses. Diese körperliche Verwandtschaft begründet eine ganz besondere Beziehung, die unwiderruflich bestehen bleibt:

Ein Mensch wird sein Leben lang, als Kind und als Erwachsener, Sohn oder Tochter dieser bestimmten Eltern sein, und diese werden Mutter und Vater dieses bestimmten Menschen bleiben, was immer auch geschehen mag.

Vielleicht fordern wir mit dieser Behauptung Ihren Widerspruch heraus, wenn Sie beispielsweise geschieden sind und nur wenig oder keinen Kontakt mehr zu Ihren Kindern pflegen? Vielleicht haben Sie den Eindruck, durch die Scheidung der Ehe sei auch eine Scheidung der Familie erfolgt? Das mag so aussehen, aber bedenken Sie: Der biologische Akt der Zeugung lässt sich nicht ungeschehen und nicht rückgängig machen!
Die familiäre Zusammengehörigkeit hängt nicht davon ab, ob die betreffenden Personen als Familie zusammenleben. Sie bleibt auch bestehen, wenn die Eltern des Kindes sich nicht (mehr) gut genug vertragen und sich trennen oder sich scheiden lassen; sie bleibt sogar dann bestehen, wenn das Kind von einem fremden Ehepaar an Kindes Statt ange-

nommen (adoptiert) wird, seine leiblichen Eltern niemals zu Gesicht bekommt und das ursprünglich fremde Ehepaar auf Grund einer freiwilligen Entscheidung die Mutter- und Vaterpflichten übernimmt und für das Kind die Funktion von wirklichen Eltern ausübt.
Man könnte also sagen: Eine Familie entsteht durch die Geburt eines (ersten) Kindes. Sie lässt sich daran erkennen, dass die Erwachsenen die leiblichen Eltern der Kinder sind und die Kinder ihre leiblichen Töchter und Söhne.
Kann diese Kennzeichnung des Begriffes ‹Familie› ausreichen und markiert sie etwas Gemeinsames, das auf alle Familien zutrifft?
Wenn Sie Elternteil einer ‹Adoptiv›- oder ‹Stief›-Familie sind, dann können Sie damit nicht einverstanden sein; denn auch Sie haben sicherlich den Eindruck, in einer Familie zu leben mit Ihren Adoptiv- oder Stief-Kindern. Also muss es neben der biologischen Familienzusammengehörigkeit noch mindestens ein anderes Merkmal geben, an dem man erkennen kann, ob eine Gruppierung von Menschen als eine Familie bezeichnet werden kann. Vielleicht finden wir dieses Merkmal in der Art und Weise des familiären *Zusammenlebens.*
In welcher Art und Weise leben also Menschen zusammen, damit man von einer ‹Familie› spricht?
Einiges kann bereits dem bisher Gesagten entnommen werden:

Es handelt sich immer um mindestens *zwei Generationen,* die zusammenleben (manchmal können es sogar drei oder vier Generationen sein, wenn man die Gross- und Urgrosseltern dazurechnet), wobei die ältere Generation (die der Erwachsenen) die Verantwortung für das Heranwachsen der nächsten Generation hat. Diese Verantwortung für die Kinder kann entweder eine naturgegebene oder eine freiwillig eingegangene Verpflichtung sein.

Ferner gehört zum Dasein einer Familie, dass alle Mitglieder einen *zentralen Wohnsitz* haben, eine Art Hafen oder Hauptquartier, wo sich immer wieder alle zusammenfinden. Das ‹Elternhaus› kann ein Haus oder eine Wohnung sein, in der normalerweise alle essen, schlafen, ihr Eigentum (zum Beispiel Kleider, Spielsachen, Dokumente usw.) aufbewahren, von wo aus sie in den Kindergarten, die Schule, an den Arbeitsplatz gehen und wohin sie wieder zurückkehren. Die Erwachsenen sorgen dafür, dass genügend *Geld* vorhanden ist, um Essen, Wohnen, Kleidung usw. zu bezahlen. Mit dem Heranwachsen übernehmen auch die Kinder, die schon Geld verdienen, aber noch daheim wohnen, einen Teil dieser Verantwortung.
Die Eltern haben neben der Pflicht, für die materiellen Lebensgrundlagen aller Familienmitglieder zu sorgen, auch die Verantwortung dafür, dass die Kinder lernen, sich in das Zusammenleben mit anderen Menschen einzufügen. Als *Lehrer* ihrer Kinder

haben Eltern eine schier unerschöpfliche Aufgabe: Sie bringen ihnen bei, was sie dürfen und was nicht erlaubt ist; sie vermitteln ihnen, was man tun muss, um sich richtig zu ernähren und seinen Körper zu pflegen, damit man möglichst gesund bleibt. Sie zeigen ihnen, was gefährlich ist und was ungefährlich. Sie tragen also die Verantwortung dafür, dass Kinder alles bekommen, was sie brauchen, um selbst erwachsene Menschen werden zu können. Dazu gehört nicht nur, dass sie mit ihnen zärtlich und lieb, sondern auch manchmal fest und unnachgiebig sind.

Mit der Zeit lernen alle Familienmitglieder, wie sie mit den anderen umgehen müssen. Es gibt bestimmte *Gewohnheiten* (zum Beispiel wann gegessen wird), bestimmte *Rechte* (zum Beispiel wer abends länger aufbleiben darf) und bestimmte *Pflichten* (zum Beispiel wer in der Küche hilft). Die Kinder wissen, wer sie tröstet, wenn sie einen Kummer haben, oder wer ihnen in gewissen Angelegenheiten raten kann. Die Eltern wiederum kennen die Stärken und Schwächen ihrer Kinder und wissen, was diese schon selbst gut können und wo sie noch Hilfe brauchen. Es entstehen allmählich *Regeln,* die über lange Zeit gleichbleiben. So zählt neben der Verteilung von Rechten und Pflichten auch die *‹Familiensprache›* zu einem wichtigen Charakteristikum: In jeder Familie gibt es bestimmte Ausdrücke, mit denen man seine Freude oder seinen Ärger beschreibt, Namen für einzelne Körperteile oder Bezeichnungen für intime Körperfunktionen. Vor allem die Kose- und Spitz-Namen, mit denen sich die einzelnen Familienmitglieder bezeichnen, gelten oft bis ins Erwachsenenalter der Kinder.

Je länger eine Familie existiert, desto umfangreicher wird auch ihre *‹Familiengeschichte›.* Sie umfasst alle gemeinsamen Erlebnisse und Ereignisse, die zu einem grossen Bestand an gemeinsamen guten und bösen, erfreulichen und schrecklichen Erinnerungen werden. Diese gemeinsame Geschichte wird zu einem wichtigen Band der Familienmitglieder untereinander; in ihr spiegeln sich alle die intensiven Gefühle und die Beziehungen, die ganze ‹Familien-Atmosphäre› wider.

Neben bleibenden *Gewohnheiten* finden laufend *Veränderungen* statt: Vergrössert sich die Familie durch die Geburt eines weiteren Kindes, müssen sich alle auf diese neue Situation einstellen, und das fällt oft nicht leicht. Für das erstgeborene Kind, das seine Eltern ein paar Jahr für sich allein hatte, ist es nicht einfach, hinzunehmen, dass einem anderen Kind auch Fürsorge, Zuwendung und Zeit von den Eltern geschenkt werden. Veränderung gibt es aber auch, ohne dass besondere Ereignisse wie Geburt oder Tod, Wohnungswechsel und anderes eintreten, wenn also die Anzahl der Familienmitglieder und der äussere Rahmen gleich bleiben: Alle Menschen, kleine und grosse, werden älter, und mit dem Älterwerden verändern sich ihre Bedürfnisse und Interessen. Das hat auch einen Einfluss auf den Alltag. Mit dem Eintritt in den Kindergarten oder in die Schule müssen sich Kinder und Eltern an einen

neuen Tagesablauf gewöhnen. Die Kinder sind zu anderen Zeiten als bisher zu Hause. Sie gestalten auch ihre Freizeit anders. Neue Verhaltensweisen werden von ihnen erwartet und ihnen auch zugebilligt, zum Beispiel dürfen sie zunehmend mehr selbständige Entscheidungen treffen in Bereichen, in denen bisher vielleicht ausschliesslich die Eltern entschieden haben. Das kann so etwas Alltägliches wie Kleidung oder Haartracht oder auch etwas so Wichtiges wie Schullaufbahn oder Berufswahl betreffen, je nach dem Grad der erreichten Selbständigkeit und Reife, den die Eltern ihren Kindern zusprechen. Mit jeder Veränderung wandeln sich auch die Gewohnheiten und Regeln, und die Familienmitglieder müssen ihre gegenseitigen Erwartungen immer wieder neu an die jeweilige Situation anpassen.
Eines Tages sind die Kinder gross, sie haben einen Beruf, sie haben vielleicht bereits eine eigene Familie gegründet.

Gehören sie nun noch zur Familie, in der sie herangewachsen sind?

Wieder begegnen wir damit der Frage, was denn eine Familie ausmacht, woran man sie erkennen kann.
Auf dem Hintergrund der bisherigen Ausführungen kann man sagen:

Es gibt *zwei Merkmale,* an denen man erkennen kann, ob es sich um eine Familie handelt oder nicht. Das eine ist die naturgegebene, biologische, die sogenannte *‹Bluts›-Verwandtschaft,* die eine familiäre Bindung stiftet; das andere ist die besondere *Art des Miteinanderlebens,* die die familiäre Zusammengehörigkeit entstehen lässt.

In unserem Beispiel der Familie Tausend treffen anfangs beide Merkmale zusammen, so dass es sehr einfach ist, die fünf Personen als eine Familie zu sehen. Der gemeinsame Familienname spielt dabei gar keine Rolle. Ausschlaggebend ist, dass Eltern und Kinder sowohl blutsverwandt sind als auch in der Art und Weise einer Familie zusammenleben. Später wird es anders und auch komplizierter. Manu, Alfred und Klein-Heidi gehören nämlich *zwei* Familien an. Obwohl sie nur mit einem Elternteil, ihrer Mutter, zusammenleben (was von manchen Leuten als ‹unvollständige Familie› bezeichnet wird), bilden diese vier Menschen eine Familie. Abgesehen davon, dass es sich um die leibliche Mutter der Kinder handelt, charakterisiert auch das Zusammenleben diese kleine Gruppe als Familie: Es sind zwei Generationen, sie haben einen gemeinsamen Wohnsitz, die Mutter trägt die Verantwortung und kommt ihren Verpflichtungen den Kindern gegenüber nach, es gibt Regeln des gegenseitigen Umgangs usw., kurz: Auch diese Familie mit nur *einem Elternteil* ist eine *Familie.* Der Vater der Kinder hat eine besondere Stellung: Für die Kinder gehört er zu ihrer Familie (so wie sie zu seiner Familie gehören), weil die naturgegebene Bindung zwischen ihnen unauflösbar bestehen bleibt. Daran ändert sich auch nichts durch seine zweite Eheschliessung und die Gründung einer neuen Familie. Da er auch immer der Sohn seiner eigenen Eltern bleibt, gehört er genaugenommen zu drei Familien. Mutter und Vater Tausend sind zwar durch den juristischen Akt der Scheidung vor dem Gesetz nicht mehr miteinander verwandt, ihre Partnerbeziehung wurde aufgelöst. Ihre Familienzugehörigkeit zu ihren Kindern bleibt aber bestehen, weil das *Elternsein nicht aufhört.* Beide tragen sie weiterhin die Verantwortung für ihre Kinder in einem ethischen oder moralischen Sinn, und insofern bleiben sie – ebenso wie biologisch – mit ihren Kindern und untereinander familiär verbunden.

Wir haben gesehen, dass die familiäre Zusammengehörigkeit zwischen Eltern und Kindern nicht nur durch leibliche Verwandtschaft, sondern auch durch die besondere Art ihres gemeinsamen Lebens, vor allem durch die Verantwortlichkeit der Erwachsenen und die – sich vermindernde – Abhängigkeit der Kinder entstehen kann.

Das bedeutet, dass auch sogenannte Adoptiv-, Stief- und sogenannte unvollständige Familien *‹richtige›* Familien sind.

Eine Besonderheit besteht jedoch darin, dass ihre Kinder mehr als einer Familie angehören: Wenn Sie ein Kind adoptiert haben, dann gehört es zwar zu Ihrer Familie, aber die familiäre Zugehörigkeit zu den biologischen Eltern ist damit nicht beendet. Und wenn Sie eine Stief-Familie sind, dann haben Ihre ‹mitgebrachten› Kinder automatisch zwei Familien.
Die Beziehungen der Kinder zu den Eltern hören nicht auf, wenn die Kinder nicht mehr im Rahmen ihrer *Herkunftsfamilie* leben. Wenn Jugendliche und junge Erwachsene ihre eigenen Wege gehen, sogar wenn sie ins Ausland ziehen und eigene Familien gründen und somit selbst Vater oder Mutter werden, so bleiben sie dennoch auch die Kinder ihrer Eltern mit all den moralischen Verpflichtungen, die diese Verwandtschaft mit sich bringt. So gehören alle Väter und Mütter mindestens zwei Familien an, ihrer Herkunftsfamilie und ihrer selbst gegründeten.
Bei unserer Suche nach Merkmalen, an denen man eine Familie erkennen kann, haben wir zwar Gemeinsamkeiten gefunden, müssen aber nun abschliessend feststellen, dass es sich nur um Gemeinsamkeiten für bestimmte Abläufe, für allgemeine formale Strukturen handelt. Das Besondere jeder Familie, das Klima, die Art der gegenseitigen Beziehungen hängen von den einzelnen Menschen in ihrer Eigenart ab.

So verschieden Sie als Eltern und als einzelne Persönlichkeit und so unterschiedlich Ihre gegenseitigen Beziehungen sind, so verschieden und einmalig gestalten sich auch die Familien, in denen Sie miteinander und mit Ihren Kindern leben.

STREIT UND VERSÖHNUNG IN DER FAMILIE

Jeder Mensch ist eine Persönlichkeit und unterscheidet sich von anderen Menschen durch Alter, Geschlecht, spezielle körperliche und seelische Eigenschaften, durch Interessen und Bedürfnisse. Wenn mehrere Menschen in einem so engen Rahmen zusammenleben, wie ihn eine Familie bildet, dann muss man von vornherein damit rechnen, dass die verschiedenen Wünsche und Bedürfnisse häufig nicht ‹unter einen Hut› zu bringen sind.

Wie verhalten sich die Familienmitglieder, wenn die einen etwas anderes wollen als die anderen?
Es kann vorkommen, dass einer die Sache in die Hand nimmt und eine Entscheidung trifft, die alle anderen akzeptieren. Oder es findet eine Diskussion statt, im Laufe derer eine gemeinsame Lösung gefunden wird, die alle zufriedenstellt. Welch ein friedliches, harmonisches, ja geradezu idyllisches (und entsetzlich langweiliges) Familienleben könnten wir Menschen führen, wenn alle unterschiedlichen Wünsche so einfach zum Ausgleich gebracht werden könnten! Die Wirklichkeit sieht anders aus: Der normale Familienalltag besteht oft gerade darin, dass ein Problem unerledigt ‹in der Luft hängt› oder dass Entscheidungen getroffen werden, mit denen *nicht* alle zufrieden sind. Dann entsteht bei den Unzufriedenen entweder ein mehr oder weniger unterdrückter Groll, der sich irgendwann ‹entlädt›, oder es gibt sofort einen handfesten Krach. Die verschiedenen Meinungen prallen hart aufeinander; es fallen böse und laute Worte (die oft gar nicht so gemeint sind, wie sich hinterher herausstellt), Türen werden geschmettert oder der eine und andere reagiert seinen Zorn mit Bewegung an der frischen Luft ab. Meist ‹reinigt› ein solches ‹Gewitter› die Luft, wie der Volksmund sagt. Wenn der Ärger heraus ist, kann man sachlicher an das Problem herangehen und es schliesslich lösen. Nach dem Streit folgt somit der Ausgleich der Gegensätze, es kann eine Versöhnung stattfinden, bei der es weder Sieger noch Besiegte gibt, und der Familienfrieden ist für eine Weile wieder hergestellt.

Solange solche Differenzen sich innerhalb der Geschwistergruppe abspielen oder solange die Kinder auf der einen und die Eltern gemeinsam auf der anderen Seite der streitenden Parteien stehen, haben alle Familienmitglieder das Gefühl ‹Streit gehört zum Leben›. Alle erfahren, dass ein Streit mit einer Versöhnung endet und für das normale Weiterleben im Rahmen der Familie keine Gefahr besteht.

Ein richtiger Krach kann sogar eine lustvolle Angelegenheit sein. Haben Sie schon einmal erlebt, wie viel Spass es machen kann – und welch ein intensives Lebensgefühl entsteht –, wenn man seinen Zorn laut herausschreit oder sein Gegenüber in der Wut besonders leise anzischt?

Für Sie als Eltern ist es wichtig zu wissen:

Streit kann *anregend* und *klärend* sein, wenn er gelegentlich stattfindet als ein Ausdruck entgegengesetzter Bedürfnisse und zorniger Gefühle.

Anders ist es, wenn Mutter und Vater miteinander Schwierigkeiten haben, die allzu häufig zu einem Streit führen. Dann kann es passieren, dass die Kinder Angst bekommen, die Eltern könnten sich trennen und das Weiterbestehen der Familie – und damit die Existenzgrundlage der Kinder – sei gefährdet. Diese Angst sollten wir ernst nehmen, denn sie ist sehr realistisch.

Das Weiterbestehen oder Aufhören des familiären Zusammenlebens (nicht aber der Familienzugehörigkeit) hängt davon ab, ob streitende Eltern sich wieder versöhnen können oder ob sie in ein so tiefes Zerwürfnis geraten, dass eine Aussöhnung nicht mehr möglich und eine Trennung als einziger Ausweg erscheint.

Da es aber langdauernde und stabile Ehen gibt, in denen die Ehepartner immer wieder Auseinandersetzungen haben, ohne dass ihre Beziehung in Gefahr ist, und da es andererseits immer mehr Ehen gibt, die auseinanderbrechen mit oder ohne Streit – stellt sich da nicht die Frage, ob es vielleicht mehrere *Arten* von Streit gibt? Was ist denn der Unterschied zwischen Differenzen, die mit einer anschliessenden Versöhnung aus der Welt geschafft wurden, und Auseinandersetzungen, die in quälender und zermürbender Weise immer wieder neu aufflackern, jeweils mit einem Scheinfrieden enden und schliesslich zur Auflösung der Beziehung führen können?

Immer dann, wenn der *Streitgegenstand* auch der *wirkliche Grund* der Auseinandersetzung ist, kann es ein natürliches Ende der Differenzen in einer Versöhnung der Gegensätze geben.

Geht es beispielsweise in einer Familie wirklich darum, die verschiedenen Fernseh-Interessen zu berücksichtigen oder zu klären, wann ein Jugendlicher abends heimkommen soll, dann ist mit den gefundenen Lösungen oder Kompromissen auch jeder Grund für einen Streit überflüssig, und die Versöhnung bildet den Schlusspunkt.
Ganz anders sieht es da aus, wo Vater und Mutter miteinander tiefgreifend unzufrieden sind, aber nicht wagen, dieses Thema zu besprechen, aus Furcht, ihre Ehe in Frage zu stellen. Ungelöste Konflikte dieser Art verursachen eine innere Dauerspannung bei allen Beteiligten. Manchmal versuchen die Partner die Situation zu retten, indem sie Schwierigkeiten totschweigen oder verharmlosen und in einer scheinbar harmonischen Atmosphäre – in der es keinen Streit gibt – nur über die alltäglichen Angelegenheiten des häuslichen Lebens miteinander reden.

Es kann aber auch sein, dass in einer solchen inneren Spannung beide Partner besonders empfänglich sind für alle Möglichkeiten, die zu einer Entladung führen können. Sie stürzen sich gewissermassen auf jeden Anlass, um sich Luft zu machen und mit einem Krach Erleichterung zu verschaffen. In diesen Fällen sind die schlechten Noten des Kindes in der Schule oder die Frage, wann die Hausaufgaben zu erledigen sind, geradezu willkommen, um eine heftige Auseinandersetzung vom Zaun brechen zu können. Es entsteht ein Streit nach dem anderen ohne die Möglichkeit einer echten Versöhnung; denn wenn auch der sachliche Anlass geklärt worden ist – zum Beispiel die Zeit für die Hausaufgaben festgelegt wurde –, so bleibt der eigentliche Grund der Differenzen – nämlich die innere Spannung und Unzufriedenheit mit dem Partner – bestehen: Die Luft ist und bleibt gewitterschwül.

Versetzen wir uns nun einen Augenblick in die Situation von Kindern, deren Eltern tiefgreifende schwelende oder offene Konflikte haben (wie die Familie Tausend im 1. Teil des Buches):

Da Kinder in eine Umwelt hineingeboren werden, deren Regeln ihnen zunächst unbekannt sind, müssen sie möglichst schnell lernen, sich an diese Umwelt anzupassen und sich verständlich zu machen, um überleben zu können. Deshalb nehmen sie mit geschärften Sinnen alle Hinweise aus ihrem familiären Umkreis auf, die ihnen zeigen, was von ihnen erwartet wird, und sie entwickeln alle die Verhaltensweisen, die für das Leben in dieser bestimmten Familie wichtig sind. Wenn nun zwischen den Eltern ungelöste Konflikte zu Spannungen führen – was von den Kindern mit ihren von klein auf geübten sensiblen Antennen *immer* wahrgenommen wird – oder wenn Eltern in einem dauernden offenen Ehekrieg leben, dann fürchten die Kinder, die Beziehung zwischen den beiden Erwachsenen könnte zerbrechen und sie selbst könnten damit den Boden der Familie unter den Füssen verlieren. Sie fühlen ihre ganze *Existenzgrundlage* bedroht und versuchen dann manchmal ihrerseits mitzuhelfen, dass ihr familiärer Lebensraum stabil bleibt. So können sie also auf ihre Art daran mitwirken, vordergründige Klein-Entladungen zu provozieren, um die gefürchtete grosse, existenzielle Erschütterung zu vermeiden.

Aus einem ‹gefährlichen› Zwist zwischen den Eltern versuchen Kinder manchmal, eine Art ‹ungefährlichen› Familienkrach zu machen, indem sie selbst *sich als Streitgegenstand* anbieten.

In diesem Zusammenhang sind die folgenden Äusserungen von Kindern (siehe Teil 1) zu verstehen: ‹Ich habe Streit nicht gern, aber es ist mir wohler, wenn die Eltern wegen *mir* streiten als miteinander› oder ‹Ich konnte nicht ertragen, wenn die Eltern stritten. Ich machte dann etwas Dummes, dann waren sie auf *mich* böse.›

Diese Vorstellung der Kinder, *sie* könnten und müssten etwas unternehmen, um die Eltern von ihren Eheproblemen abzulenken, kann sogar noch nach der Scheidung dazu führen, dass Kinder ‹etwas Dummes› anstellen in der Hoffnung, die Familie komme dadurch wieder zusammen. Im Grunde genommen versuchen sie damit, Verantwortung für Angelegenheiten zu übernehmen, die gar nicht ihre Sache wären, sondern für die ausschliesslich die Eltern zuständig sind.

Wenn Sie bis hierhin gelesen haben, werden Sie sich als Eltern vielleicht recht verunsichert fühlen. Was sollen Sie tun, um den Kindern die Angst und Sorge um den Fortbestand der Familie zu ersparen? Sollen Sie jeden Streit vermeiden? – Besser nicht, sonst gibt es permanent ‹dicke Luft›. Sollen Sie dann vielleicht Ihre Differenzen offen vor den Kindern austragen, damit diese hören, worum es geht? – Lieber nicht, sonst kommen die Kinder aus der Angst gar nicht mehr heraus. Sollen Sie dann am besten nur im stillen Kämmerlein und ganz im geheimen Ihre Auseinandersetzungen führen? – Das geht auch nicht, die Kinder spüren ja sowieso, dass etwas nicht stimmt und machen sich nur um so schlimmere Phantasien zurecht.

Und wenn die Ehe unerträglich geworden ist – sollen Sie dann um der Kinder willen zusammenbleiben? Auch das ist sicher keine Lösung des Problems.

Was also können Sie tun?

Es gibt einen einzigen, ganz wichtigen Gesichtspunkt, der die Grundlage *aller* elterlichen Entscheidungen in diesem Zusammenhang sein sollte:

Alles, was die Ehe betrifft, ist *ausschliesslich* Angelegenheit der *Ehepartner* beziehungsweise der *Eltern,* sei es während der Ehe, in einer Trennung oder nach einer Scheidung!

Kinder müssen wissen und erfahren, dass sie keine Möglichkeit haben, auf die Ehe ihrer Eltern Einfluss zu nehmen, damit sie sich nicht eine Verantwortung auferlegen, die nicht die ihre ist und die sie nicht tragen könnten. Es ist viel wichtiger, den Kindern immer wieder zu versichern, dass es sich bei Streit oder Konflikten zwischen Mutter und Vater um eine Angelegenheit nur dieser zwei Personen handelt, die niemanden sonst etwas angeht, als sich über den Ort und die Art und Weise der Auseinandersetzung Gedanken zu machen. Viel wichtiger ist es auch, sich mit den Dingen auseinanderzusetzen, um die es tatsächlich geht, als sich Scheingefechte zu liefern, die eine echte Versöhnung erschweren oder sogar unmöglich machen.
Kinder vertragen es viel besser, wenn sie kurz informiert werden, dass die Eltern uneins sind, dies aber nichts mit ihnen zu tun hat, als wenn sie aufs Raten angewiesen sind oder in die Auseinandersetzung der Eltern mit hineingezogen werden. Es ist sehr

verlockend, als streitender Elternteil einen Bundesgenossen oder Vermittler und Friedensstifter unter den Kindern anzunehmen, da sich ja Kinder aus dem bereits geschilderten Verantwortungsbewusstsein heraus ohnehin gern als ‹Mitspieler› anbieten. Aber weil alle Bemühungen eines Kindes eine Ehe *nicht retten* können, sondern lediglich als eine Art Ablenkungsmanöver vorübergehend die Situation komplizieren, sollten Sie Ihren Kindern ersparen, sinnlose Opfer bringen zu wollen.
Wenn es ganz klar ist, dass ein ‹gefährlicher Ehekonflikt› durch das Dazwischentreten des Kindes nicht in einen ‹harmlosen Familienstreit› verwandelt werden kann, und wenn Sie diese Einstellung Ihren Kindern übermitteln, dann bedeutet dies eine grosse *Entlastung* für die Heranwachsenden.

Kinder und Jugendliche brauchen ihre ganze Kraft für ihre *eigenen* Aufgaben, nämlich langsam erwachsen zu werden – mit allem, was dazugehört an Selbständigkeit und Eigenverantwortlichkeit.

Bestehen Sie als Eltern darauf, die Verantwortung für Ihre Angelegenheiten unter *allen* Umständen, auch bei Auseinandersetzungen, selbst zu übernehmen, dann lernen Kinder ihrerseits, sich der Verantwortung für *ihr* Leben zu stellen.

Eltern können also auch im Streiten für ihre Kinder ein wichtiges Vorbild sein!

Ebenso notwendig ist es, den Kindern klarzumachen, dass eine Scheidung *nicht* das *Ende* der Elternschaft bedeutet und dass Vater und Mutter weiterhin die Eltern bleiben, die sich um das Wohlergehen ihrer Kinder kümmern.

Das Ende einer Ehe ist nicht das Ende der Familie!

Selbst wenn Sie als Eltern Ihre Ehe auflösen wollen, müssen Sie einen gemeinsamen Weg suchen, wie Sie Ihre elterliche Verantwortung weiterhin ausüben können. Die Kinder brauchen die Zusicherung, dass selbst Streit, der wirklich zum Ende des bisherigen familiären Zusammenlebens führt, nicht das Ende der familiären Beziehungen bedeutet.
Auch wenn das Auseinandergehen noch das einzige ist, auf das sich zerstrittene Ehepartner einigen können, so bleibt es ihre Aufgabe, die Kinder aus allen Auseinandersetzungen um die Auflösung der Ehe herauszuhalten. Dazu gehört auch, dass Sie niemals mit Ihrem Kind darüber sprechen, welche Schwierigkeiten Sie mit dem anderen Elternteil haben. Sonst könnte Ihr Kind sich sofort mitverantwortlich fühlen und meinen, es könnte etwas dafür tun, dass die ganze Familie wieder zusammenkommt. In der Praxis zeigt sich häufig, dass Kinder aus diesem Grunde für einen gemeinsamen Gesprächsstoff der Eltern sorgen, z.B. in Form von ‹Dummheiten› oder Verhaltensauffälligkeiten.

Dies sind die wichtigsten Botschaften, die Sie als Eltern Ihren Kindern sinngemäss übermitteln können, wenn Sie Streit haben und vielleicht auseinandergehen wollen:

- Der Streit geht nur uns Eltern etwas an, er hat mit Dir/mit Euch nichts zu tun.

- Wir Eltern werden mit unseren Schwierigkeiten ohne Dich/ohne Euch fertig.

- Selbst wenn wir so streiten, dass wir auseinandergehen, werden wir Dich/Euch weiterhin lieben und uns um Dich/Euch kümmern.

VORBEREITUNG DER KINDER AUF DIE SCHEIDUNG

Wenn das Elternpaar sich trennt, sind *alle* Familienmitglieder *betroffen* und die Kinder in besonderem Ausmass, da sich vieles für sie verändert.
Auf die *Betroffenheit* der Kinder müssen Sie als Eltern reagieren, sind aber in der Trennungs- beziehungsweise Scheidungssituation manchmal verunsichert, weil Sie nicht *genau* wissen, was in Ihrem Kind wirklich vorgeht und *wie* die Scheidung aus der Kinderperspektive wahrgenommen wird.
Ausserdem sind Eltern in der Trennungsphase derart mit sich selbst beschäftigt und mit ihren Paarproblemen belastet, dass es zeitweise eine Überforderung bedeutet, den Kindern in einer angemessenen oder bestmöglichen Art zu begegnen.
Im folgenden befassen wir uns mit der Besprechung einiger wichtiger Aspekte im Umgang mit Kindern, deren Eltern sich trennen oder scheiden.
Unsere hier dargestellte Meinung bezieht sich einerseits auf unsere therapeutischen Erfahrungen mit Familien in der Trennungs- beziehungsweise Scheidungssituation und andererseits auf die Antworten der Kinder und Jugendlichen im Fragebogen des I. Teils dieses Buches.

Wir sind folgender Auffassung:
- Kinder erleben grundsätzlich einen *Schock*, sobald sie erfahren, dass ihre Eltern auseinandergehen, auch wenn dieser Schock für die Umwelt nicht immer sichtbar ist.
Ein Schock ist eine starke *seelische Erschütterung*.
In diesem Zusammenhang bedeutet dies eine Störung im gewohnten Lebens-Fahrplan durch ein *plötzliches Ereignis*, das eine dringende Umstellung erfordert.
Selbst wenn in der Familie schon von Trennung geredet wurde, selbst wenn das Kind häufig gehört hat, dass die Eltern einander mit der Scheidung gedroht haben:
- Der Moment, in dem damit Ernst gemacht wird und ein Elternteil tatsächlich auszieht, stellt für das Kind eine *seelische Krise* dar, die nicht einfach zu bewältigen ist.

Im folgenden beschreiben wir Reaktionsmöglichkeiten der Kinder auf die Trennung der Eltern und wie die Eltern darauf reagieren können.

Mögliche Schock-Reaktionen von Kindern in der Trennungsphase der Eltern

Kinder und Jugendliche reagieren unterschiedlich auf den sogenannten ‹Scheidungsschock›. Oft werden sie sehr *traurig*, weil sie meinen, durch die Trennung einen Elternteil zu verlieren. Einige *verschliessen sich* in ihrem Schmerz vor der Aussenwelt, verbringen stunden- oder tagelang ihre Freizeit allein in ihrem Zimmer oder wollen von den Eltern nichts mehr hören. Eigentlich sind sie von ihren Eltern *enttäuscht*, dass diese ihre Konflikte und Schwierigkeiten nicht im Rahmen des Zusammenlebens bereinigen konnten. Damit *verlieren* die Eltern an *Ansehen* bei ihren Kindern, und das wie-

derum verunsichert die Kinder noch mehr in einer ohnehin für alle Familienmitglieder unsicheren Zeit. Erleben und bewerten die Eltern ihre Trennung als eine ‹Katastrophe›, stellt der eine Elternteil den anderen nur negativ hin (zum Beispiel als Versager, unfähig, streitsüchtig, unzuverlässig, grob, aggressiv oder als Trinker/-in, Hysteriker/-in usw.), kann es sein, dass die Kinder *sich schämen,* einen solchen Vater oder eine solche Mutter zu haben beziehungsweise in solch einer Familie zu leben. Aus diesem Schamgefühl heraus können sie sich *abkapseln* und sich *schwer zugänglich* machen oder sogar die *Flucht* in die Ferne ergreifen.
Manche Kinder fühlen sich an der elterlichen Trennung moralisch mit-schuldig, weil sie anlässlich von Ehestreitigkeiten gehört haben, die Schwierigkeiten der Eltern hätten mit ihnen selbst zu tun, indem beispielsweise die Kindererziehung als Belastung erlebt wurde oder die Kinder selbst die Ursache des elterlichen Zwistes sind.
Es kann sein, dass Kinder in dieser Phase mit einem *gestörten Essverhalten* reagieren. Das reicht von der totalen Appetitlosigkeit (sehr wenig essen oder ganze Mahlzeiten auslassen) bis zum übersteigerten Hungergefühl (sehr viel oder sehr häufig essen). Aus *Unsicherheit, Verlassenheitsangst, Einsamkeitsgefühl, Traurigkeit usw.* können sich viele Kinder nur schlecht auf ihre schulischen Aufgaben *konzentrieren.* Sie sind in der Schule wenig aufmerksam, brauchen mehr Zeit als zuvor, um ihre Hausaufgaben zu lösen oder erledigen ihre Schulpflichten nur lustlos oder ganz schnell und oberflächlich. Oft sind sie auch irritiert, gereizt, verspannt und *schlafen schlecht.*
Eine sehr häufige Reaktion der Kinder auf die Scheidungssituation sind *verschiedene Arten der Aggression.* So reagieren Kinder zum Beispiel wutentbrannt wegen einer Kleinigkeit, prügeln sich auf dem Pausenplatz oder mit den Geschwistern herum, lassen ihren Ärger gegen ihre Eltern frei heraus in Form von Beschimpfungen, schlagen etwas kaputt oder treten sogar (dort, wo es möglich ist) körperlich aggressiv auf (Fusstritte gegen die Mutter oder ähnliches).
Es gibt aber auch Kinder, die, in der Absicht, sich selbst zu beschützen, so tun, als wäre nichts geschehen, als nähmen sie nichts wahr, als ginge sie das Ganze nichts an.
■ Der *Schock,* den die elterliche Scheidung für das Kind bedeutet, lässt sich am *Aufruhr der Gefühle* und dem Ausmass der Verunsicherung und *Verwirrung* des Kindes erkennen.
Übrigens: Das ‹Verhaltensrepertoire› der Kinder aus Scheidungsfamilien ist im wesentlichen kein anderes als dasjenige der Kinder aus nicht geschiedenen Familien.

Wie können Sie als Eltern reagieren?

Die elterliche Präsenz verstärken (für die Kinder da sein)

Es ist für die Kinder sehr wichtig in dieser Phase der gefühlsmässigen Erschütterung, die körperliche Anwesenheit zumindest eines Elternteils zu fühlen. Sie sollten sich als Mutter/als Vater etwas *mehr Zeit* als vorher nehmen, um mit dem Kind zusammenzusitzen, vielleicht gemeinsam etwas zu tun wie lesen, spielen, sprechen oder gemeinsam kochen, kleinere Haushaltungsarbeiten machen wie zum Beispiel Kasten aufräumen, Bücher- oder Plattenregal umordnen oder abends vor dem Schlafengehen *länger beim Kind* verweilen. *Je kleiner das Kind ist, desto wichtiger ist die elterliche Anwesenheit!* Körperliche Nähe während einer Krisenzeit wirkt sich beruhigend und entwicklungsfördernd auf das Kind aus. Das Ausschlaggebende dabei ist nicht die Zeit (also nicht die Anzahl Stunden), sondern die *Intensität des Kontaktes.* Zehn bis fünfzehn Minuten genügen, wenn sie täglich eingehalten werden und vollkommen dem Kind gewidmet sind. Das Kind fühlt dann, dass die Trennung von Vater und Mutter nicht auch noch einen Mangel an *elterlicher Aufmerksamkeit* und *Zärtlichkeit* mit sich bringen muss.

Den innerfamiliären Dialog fördern

Der allerbeste Weg, um die Gefühlswelt der Kinder wieder zu stabilisieren und ihnen möglichst bald aus dem Scheidungsschock herauszuhelfen, ist gerade das, was in dieser Phase so besonders schwer fällt: *das Gespräch!*

Das Ziel der Gespräche zwischen Ihnen als Eltern und Ihren Kindern ist, den Kindern *mitzuteilen,* welche Veränderungen auf die Familie zukommen werden, ihnen zu erklären, weshalb die elterliche Trennung notwendig ist und weshalb gerade dieser Elternteil die gemeinsame Wohnung verlässt.

Wir empfehlen der Familie, in dieser unsicheren Zeit diese *Gespräche regelmässig zu pflegen.* Die Kinder sollten dabei von allenfalls bedrückenden Gefühlen entlastet und von allfälligen Scham- oder Schuldgefühlen befreit werden. Wichtig ist, klar zu machen, dass nicht die Kinder die Ursache der Scheidung sind, sondern dass Sie, die Eltern, durchaus in der Lage sind, die *Verantwortung* für das Scheitern Ihrer Partnerbeziehung selbst zu tragen und Sie deshalb keine sogenannten ‹Sündenböcke› brauchen. Sie können *offen zugeben,* dass Sie beispielsweise traurig sind und dass Sie jetzt eine schwere Zeit durchzustehen haben und dennoch *zuversichtlich sind,* dass eine möglichst *gute Lösung für alle* gesucht und hoffentlich auch gefunden wird!

Ihre Kinder sollten erkennen können, dass für ihr Leben wesentliche und notwendige Dinge erhalten bleiben: Sie können zum Beispiel betonen, dass die Kinder weiterhin ihren Vater und ihre Mutter haben werden, wenn auch die Kontakte zu einem von beiden in einer neuen Form stattfinden werden, und dass an dieser neuen Situation auch viel Positives

und Gutes sein wird und nicht nur Verzicht und Einschränkung.
Werden die Kinder nicht oder nicht ausreichend informiert, dann wirkt sich das auf sie unangenehm aus, wie von Kindern selbst beschrieben wird (vgl. Kinderteil).
In der Trennungszeit sind Kinder und Jugendliche mit vielen Fragen, Zukunftsängsten und Sorgen beschäftigt (wie Sie als Eltern auch). Es ist entlastend für sie, zu merken, dass über all das in ihrer Familie *offen geredet werden kann.* Aus diesem Grund sollten Sie den Kindern (wie übrigens auch sich selbst) mehr Platz und Zeit für die Gefühle einräumen, das heisst für die *Äusserung von Gefühlen.* Erlauben Sie sich und Ihren Kindern, zornig zu sein, zu weinen und traurig zu sein, Ablehnung und Enttäuschung zu zeigen. Je nach Alter und Begabung sollten Sie Ihre Kinder dazu ermutigen, ihren Gefühlen auch bildhaft (durch Zeichnungen, Skizzen, Modellieren) oder musikalisch, spielerisch usw. Ausdruck und Gestalt zu geben.
Der Dialog zwischen Vater oder Mutter und Kind/-ern ist nicht als eine Art Mitentscheidungs- oder Mitbestimmungsmethode der Familie zu verstehen (siehe dazu Kapitel ‹Kinderzuteilung›, Stichwort ‹Demokratie›).
Familien, in welchen über die Trennung und deren Auswirkungen offen geredet wird, überwinden ihre Krise leichter.
Aus Angst, Scham, Trauer, Misstrauen, Enttäuschung und ähnlichen Empfindungen ist jeder dazu geneigt, sich schweigend zurückzuziehen. Die anderen Familienmitglieder (auch die Kinder) zeigen Verständnis für dieses Schweigen und unterstützen es ihrerseits, indem sie bestimmte ‹gefährliche› Themen gar nicht ansprechen, um Schmerzgefühle zu vermeiden. Mit der Zeit ist es wie ‹verboten›, das heisst tabuisiert, bestimmte Worte auszusprechen und bestimmte Themen zu berühren. Das Gespräch ist die beste Hilfe, diese Tabus aufzulösen.

Mit diesem Buch wollen wir den Eltern und den Kindern Mut machen, solche (unausgesprochenen) ‹Redeverbote› zu durchbrechen und tabufrei *alle* Themen anzusprechen, die für sie wichtig sind. Erst wenn Sie mit Ihren Kindern diesen Dialog entwickeln, können Sie wissen, was in jedem einzelnen Ihrer Kinder *wirklich* vorgeht, und aus diesem Wissen heraus können Sie ihnen leichter helfen, ihre Probleme zu bewältigen. Das zentrale Anliegen des Dialoges soll die Stärkung des *Vertrauens* und *Selbstvertrauens* sein. Versuchen Sie den Kindern aufzuzeigen, dass vieles in der Familie nach der Trennung nicht nur *anders,* sondern auch *besser* werden kann. Das Kind soll darauf vertrauen können, dass diese unsichere Zeit durchaus überstanden werden kann, so wie auch andere (vielleicht kleinere) Krisen im Leben des Kindes überstanden wurden. Dazu kann man dem Kind konkrete Beispiele nennen: frühere Erkrankungen, Prüfungen usw. Das Kind soll ausserdem beruhigt und zuversichtlich sein, dass seine Eltern alle Hindernisse und Schwierigkeiten zu überwinden suchen werden.

Hindernisse im Leben sind dazu da, um überwunden zu werden!

Es ist von Vorteil, diese regelmässigen Gespräche mit den Kindern *kurz* zu führen (eventuell nur ein Thema pro Mal) und darauf zu achten, dass das Gespräch mit klaren Vereinbarungen für den nächsten Tag oder die nächsten Tage beendet wird.
Man kann *gemeinsam* mit den Kindern oder Jugendlichen eine *Regelung* finden, wann es am günstigsten für alle ist, miteinander zu reden. Bei Familien mit Kindern unterschiedlicher Altersstufen (wie die Familie Tausend) sollten Gespräche mit dem jüngsten Kind separat geführt werden. Für Kinder, die noch so jung sind, dass man den Dialog – im Sinne einer ‹Besprechung› – nicht durchführen kann, ist das Erzählen oder Vorlesen von Kinderbüchern, von Geschichten (wie beispielsweise derjenigen im Anhang dieses Buches) ein sehr geeignetes Mittel zur Auseinandersetzung mit der Trennungsproblematik. Sie können auch gemeinsam mit Ihrem Kind ein Märchen, eine Geschichte oder ein Theaterspiel erfinden, um über diese Geschichte oder dieses Spiel mit dem Kind ins Gespräch zu kommen.
Gehören Sie zu den Menschen, welche nicht viel (beziehungsweise gut) reden können oder wollen oder darin nicht geübt sind, dann können Sie um so mehr andere Tätigkeiten gemeinsam mit Ihrem Kind entdecken, die beiden Seiten (Eltern und Kind) Freude machen.

Sich mit Ihrer persönlichen Entwicklung befassen

Kinder und Jugendliche werden sehr oft in ihrer Aufnahmefähigkeit unterschätzt: Sie merken nämlich *viel mehr,* als die Erwachsenen manchmal vermuten. Sie spüren, ob und inwiefern Mutter oder Vater mit sich selbst zufrieden sind, inwiefern sie in der Lage sind, mit Problemen umzugehen, und ob sie diese gut lösen. Dementsprechend fühlen sie sich mehr oder weniger sicher.
Eine der wichtigsten *Voraussetzungen* für eine gute Vorbereitung der Kinder auf die Scheidung ist daher, dass die Eltern sich aktiv auch mit ihrer *persönlichen* Entwicklungsphase befassen, sich also nicht bloss auf die Kindererziehung konzentrieren und ihre eigene Persönlichkeit vernachlässigen.
Wenn Kinder eine verhältnismässig *starke* Konzentration elterlicher Aufmerksamkeit *auf sich gerichtet spüren,* fühlen sie sich eingeengt und entfalten ihre verschiedenen Fähigkeiten langsamer oder nur einseitig. Sie als Mutter beziehungsweise Vater sollten daher auch Ihre eigenen Bedürfnisse ernst nehmen und vermehrt auf Ihre *eigene Persönlichkeitsentwicklung* bedacht sein, um mehr inneres Gleichgewicht und Zufriedenheit zu erlangen. Das kann durch Erweiterung oder *Umgestaltung* der Alltags- und Freizeit-Aktivitäten (zum Beispiel neue Hobbys

oder Umorganisation der bisherigen) und/oder durch *Weiterbildung* und/oder durch Anknüpfung neuer *Kontakte* zu (neuen) Gesprächspartnern beziehungsweise Gruppen erreicht werden. Man findet ein sehr vielfältiges und interessantes Angebot seitens kirchlicher, sozialer und privater Organisationen von Kursen und Gruppen für Geschiedene. Es kann wertvoll sein, sich einer solchen Gruppe anzuschliessen (und sei es auch nur für ein Wochenende), weil man dort anderen Menschen begegnet, die in derselben Situation sind und ähnliche Anliegen haben.

Zur Persönlichkeitsentwicklung trägt auch das Nachdenken über die eigene Lebens-, Ehe- und Trennungsgeschichte bei.

■ Weil Ihre persönliche Entfaltung direkte Auswirkungen auch auf Ihre Kinder hat, tun Sie etwas Gutes für die Kinder, wenn Sie etwas für sich tun und sich bewusster mit Ihrer eigenen Weiterentwicklung beschäftigen.

Eine Grenze zum Ex-Partner ziehen

Zu Ihrer individuellen Entfaltung gehört auch eine gute *emotionale Ablösung* und *Abgrenzung* gegenüber dem bisherigen Ehepartner. Zu diesem Zweck sollten Sie möglichst *klare Verhältnisse* zueinander schaffen. So wie es beispielsweise bei guten geschäftlichen Beziehungen der Fall ist. Denn Ihre frühere *Liebesbeziehung* wandelt sich durch die Trennung oder Scheidung zu einer Art ‹*geschäftlichen*› Beziehung. Versuchen Sie nach der äusseren (räumlichen) Trennung auch innerlich Distanz zueinander zu finden, denn:

■ Die innere Distanznahme zum Ex-Partner schafft neue Möglichkeiten für die eigene Weiterentwicklung.

Abgrenzung und Distanz werden möglich, wenn man sich erlaubt, den physischen Schmerz, den man empfindet, auszusprechen und danach die Bereitschaft zeigt, den Partner loszulassen und von ihm Abschied zu nehmen. Da dies manchmal sehr schwierig ist, sollten Sie sich nicht scheuen, fachliche Hilfe von Paartherapeuten in Anspruch zu nehmen.

Realität erleben, Familienmythen vermeiden

Wenn der Vater in eine neue Wohnung zieht (wie Herr Tausend) und die Kinder wenig Kontakt zu ihm haben, dann wird in ihrer Phantasie viel Raum frei für Vorstellungen, die mit der Realität wenig gemeinsam haben. Kinder, die ihren leiblichen Vater noch nie gesehen haben, entwickeln mitunter in ihrer Phantasie Bilder und Möglichkeiten, *wo* und *wer* ihr Vater sein könnte, die sie dann für real halten. Kinder, die beispielsweise die Freundin des Vaters nie zu sehen bekamen, entwickeln die Phantasie einer ganz besonderen (meist unrealistischen, starken oder bösen) Frau, die den Kindern den Vater wegraubt.

Phantasievorstellungen und Mythologien sind in einer Familie ein sehr häufiges Phänomen, welches sich auch darin zeigt, dass Vorurteile gebildet wer-

den über Menschen und Situationen. Damit also keine Vorurteile, Fehlvorstellungen und Mythen für wahr gehalten werden, ist es sinnvoll, eigene und realistische Erfahrungen zu machen.
So ist es einer Familie, von der der Vater in eine andere Stadt wegzieht, zu empfehlen, den Kindern diese Stadt einmal zu zeigen. Kleinkindern sollte auch die neue Wohnung des Vaters gezeigt werden, damit sie nicht etwa die Vorstellung entwickeln, ihr Vater sei verschwunden. Und ganz allgemein sollte der Vater zeigen, *wie* er lebt und arbeitet, mit wem er befreundet ist usw.
Die Kinder machen sich dadurch ein konkretes Bild vom Lebensstil *beider* Elternteile, können dann beide Bilder einander gegenüberstellen und bilden langsam ihre eigene Meinung.

Eigenverantwortung statt Kindermanipulation

Wenn die Eltern sich getrennt haben und sich nun eventuell auf ihre Scheidung vorbereiten, dann stellen ‹die Kinder› beziehungsweise deren vermeintliche ‹Kinder-Interessen› eine naheliegende Begründungsmöglichkeit dar, um die eigenen (elterlichen) Interessen beim (oder gegen den) Partner durchzusetzen. Mit anderen Worten: Die ‹Kinder-Interessen› werden (unbewusst?) manipuliert, um etwas Bestimmtes beim anderen Elternteil zu erreichen. Daher ist darauf zu achten, dass die Kinder nicht für die persönlichen Anliegen der Eltern manipuliert werden.
Merken die Kinder (jetzt oder später), dass sie für die Interessen der Erwachsenen eingesetzt worden sind, misstrauen sie diesen Erwachsenen, und dies wiederum belastet die Beziehung der Kinder zu ihren Eltern.

Am allerbesten ist es, wenn Sie sich bemühen, Ihre Kinder aus jeglichem Scheidungskampf herauszuhalten. Das bedeutet aber, dass Sie als Eltern um so mehr in der Lage sein sollten, *selbstverantwortlich* zu handeln. Dazu gehört eben auch die Fähigkeit, alle ‹ehelichen› Angelegenheiten von den ‹elterlichen› Aufgaben zu unterscheiden. Es kann zum Beispiel durchaus sein, dass ein ‹schlechter› Ehe-Partner sich in der Vater- oder Mutter-Rolle sehr gut bewährt.
Selbst wenn Kinder von sich aus (was manchmal vorkommt) an(er)bieten, den Eltern als Vermittlung oder Unterstützung zu dienen, sollten die Eltern dies nicht zulassen, weil es eine Einmischung der Kinder in die Angelegenheiten der elterlichen Partnerschaft darstellen würde. Auch im Falle also, in dem die Eltern Mühe haben, zu einer Einigung zu kommen, sollten die Kinder nicht als ‹Helfer› benützt werden (weiteres darüber im Kap. 6).

Ruhe bewahren

Wie in jeder kritischen Lebenssituation (ob bei Sport, Unfall, Naturkatastrophe usw.) ist es von zentraler Bedeutung, möglichst viel Ruhe zu bewahren. Wenn die Kinder spüren, dass die Eltern auch in der

Scheidungssituation fähig sind, einigermassen gefasst und ruhig zu reagieren, dann fühlen sie sich besser aufgehoben.
Dieses ‹Ruhe-Bewahren› können Sie etwa üben, indem Sie es sich ständig zum Vorsatz machen, zum Beispiel sich selbst sagen: ‹Ruhig sein, nichts überstürzen, den Boden unter den Füssen nicht verlieren usw.› Sie können auch bedenken, dass die Trennung vom Partner letztendlich *Klärung* schafft. Und jede Klärung der Lebensumstände *hilft,* selbst wenn sie schmerzlich ist. Bedenken Sie, dass die schlimmste Zeit jene der Unentschiedenheit ist, in der man, unsicher und unentschlossen, ein inneres Hin und Her erlebt.
Sobald die Trennung definitiv ist, wird auch die erste Beruhigung eintreten, und sobald diese erste Beruhigung wahrgenommen wird, sollten Sie es auch den Kindern mitteilen.

Hier nun eine Zusammenfassung der elterlichen Aktivitäten zur Vorbereitung der Kinder auf die Trennung:

- Die Anwesenheit der Eltern verstärken
- Das Familiengespräch fördern
- Sich mit der eigenen Entwicklung befassen
- Die Abgrenzung zum Ex-Partner suchen
- Realistisch sein und Familienmythen vermeiden
- Eigenverantwortung üben, die Kinder nicht manipulieren
- Ruhe bewahren!

WO SOLLEN DIE KINDER NACH DER SCHEIDUNG WOHNEN – BEI VATER ODER BEI MUTTER? DIE BESUCHE BEIM ANDEREN ELTERNTEIL

Gleichzeitig mit dem Entschluss, die Ehe und damit das familiäre Zusammenleben aufzugeben, stellt sich Ihnen als Eltern die schwere Frage:

Welches soll das künftige Zuhause der Kinder sein?

Die Beantwortung dieser Frage wird einschneidende Folgen für alle Familienmitglieder haben: Der Elternteil *ohne* Sorgerecht wird mehr in den Hintergrund treten, die Kinder werden ihn seltener umd nicht mehr so zwanglos sehen wie bisher. Wann, wie oft und wo ein Besuch stattfinden soll, das muss in Zukunft besonders geregelt werden. Dadurch werden sich auch die Beziehungen zwischen den Kindern und diesem Elternteil verändern. ‹Werden wir uns fremd werden oder einander vielleicht sogar ganz verlieren?› ist eine Befürchtung, von der sowohl Eltern als auch Kinder bedrängt werden können.

Wer soll die Entscheidung in dieser, vor allem für die Kinder lebenswichtigen Frage treffen?

Sollen die Kinder selbst entscheiden, bei wem sie in Zukunft wohnen wollen, vor allem, wenn sie schon grösser oder im Jugendlichenalter sind?
Sollen sie nur ein Mitspracherecht haben?
Ist das Ganze ausschliesslich Sache der Eltern?
Oder soll das Gericht entscheiden?

Unsere Antwort, die in den Erkenntnissen und Erfahrungen der Familientherapie wurzelt, lautet:

Kinder sind nicht in der Lage, sich für den einen oder anderen Elternteil zu entscheiden!

Diese Aussage möchten wir bewusst so betonen, obwohl oder gerade weil sie zum Widerspruch herausfordern mag. ‹Warum sollen Kinder denn nicht selber wählen, zu wem sie ziehen wollen?› werden Sie vielleicht denken. ‹Sollen sie nicht beizeiten zu Selbständigkeit und Autonomie erzogen werden? Haben sie nicht sogar ein Recht, als gleichwertige Familienmitglieder in einer so wichtigen Sache entscheiden zu können?›
Solchen Argumenten liegt eine Art *demokratischen* Denkens zugrunde, die Vorstellung nämlich, dass Kinder nicht nur gleichviel wert sind wie erwachsene Menschen, sondern dass sie auch als vollwertige Familienmitglieder die gleichen Rechte haben sollten wie die Eltern.
Eine Familie kann jedoch nicht wie ein demokratischer Staat funktionieren. Das Zusammenleben in ihr folgt anderen Gesetzen. Ein demokratisches Staatswesen lebt davon, dass die Mehrzahl seiner Bürger mündige Personen sind, die einerseits durch ihre Berufsarbeit das wirtschaftliche Fundament für alle bilden und tragen helfen. Mit ihrer politischen Mitarbeit andererseits wählen sie die regierende Minderheit, erteilen ihr Aufträge und geben ihr Entscheidungshilfen. Die gewählten regieren-

den Vertreter können wechseln, je nach Wahlergebnis. Die Verantwortung für das Funktionieren des demokratischen Staates liegt somit bei allen Bürgern.
In einer Familie hingegen sind die Eltern nicht die Regierung und die Kinder nicht die anderen Mitbürger. Kinder haben ihre Eltern nicht in einem demokratischen Verfahren aus einer Anzahl Bewerbern gewählt. Sie sind vielmehr aus ihnen hervorgegangen durch den Akt der Zeugung und durch die Geburt: Eltern und Kinder können einander *nicht abwählen.* Ferner befinden sich Kinder vom Beginn ihres Lebens an in einer starken gefühlsmässigen und lange Jahre hindurch auch in einer körperlichen Abhängigkeit von ihren Eltern. Die Verantwortung für das Gedeihen ihrer Nachkommenschaft und für das Funktionieren der Familie liegt zunächst ganz bei den Eltern, die diese Verantwortung schrittweise den Heranwachsenden übergeben, bis diese imstande sind, selber Verantwortung zu tragen. Bis ins Erwachsenenalter bleiben Kinder mit allen ihren Gefühlen eng mit *beiden* Elternteilen verbunden. Die Erfahrung hat gezeigt, dass Kinder auch an kalten und abweisenden Eltern hängen, ja sogar zu ihnen eine besonders tiefe, von der Sehnsucht nach Liebe und Anerkennung geprägte Beziehung haben. Ein Vater oder eine Mutter, die sich gerade vom Ehepartner lösen und ihm fast ausschliesslich negative Gefühle entgegenbringen, können dieser Einsicht wohl nur schwer zustimmen.

Aber gerade die Tatsache, dass Kinder so tief mit *beiden* Elternteilen, unabhängig von deren Charakter, verbunden sind, macht es ihnen unmöglich, *zwischen* ihnen zu wählen.

Wird ihnen dennoch zugemutet, eine solche Wahl treffen zu müssen, werden sie in schwere Gefühls- und Gewissenskonflikte gestürzt, denen sie nicht gewachsen sind. Diese Aufgabe überfordert ihre seelischen und geistigen Kräfte, weil sie eigentlich beide Elternteile brauchen und behalten möchten. Sie müssen eine Verantwortung übernehmen, die viel zu gross für sie ist. Die Folgen sind oft schon äusserlich sichtbar: Kinder, denen eine zu grosse Verantwortung aufgebürdet wird, verlieren ihre Kindlichkeit. Wir erkennen sie an ihrer altklugen Redeweise, ihrem unkindlichen, überheblichen Gebaren und an ihrem alten Blick, dem die lebendige Neugierde und die kindliche Aufgeschlossenheit fehlen. Sie wirken wie zu klein geratene, unfrohe Erwachsene. Oft entwickeln sie auch Verhaltensstörungen, haben Schwierigkeiten, von anderen Kindern als Freunde und Kameraden angenommen zu werden, und sind deshalb sehr einsam.
Vielleicht haben Sie als Eltern aber schon oft erlebt, dass Ihre grossen Kinder den Wunsch haben, in Familienangelegenheiten möglichst viel mitreden zu können? Dies ist ein Zeichen dafür, dass sie mehr Verantwortung übernehmen möchten und selbständiger und ‹erwachsener› werden. Bei einer so

wichtigen Entscheidung, die ihr weiteres Leben tiefgreifend beeinflusst, sollen und müssen sie angehört und ihre Wünsche berücksichtigt werden. Oft aber ist der Wunsch, mit einem Elternteil zusammenbleiben zu wollen, gerade ein Ausdruck der ganzen Familienkrise: vielleicht soll damit die ‹Schlechtigkeit› des einen Elternteils demonstriert und damit Partei für den anderen ergriffen werden? In diesem Fall wären die betreffenden Kinder oder Jugendlichen als Bündnispartner in die Auseinandersetzung der Eltern mit hineinverwickelt. Sie würden also eine Rolle im Ehekonflikt spielen, der ausschliesslich Sache der Eltern sein sollte.
Wenn grössere Kinder oder Jugendliche selbst entscheiden, bei wem sie künftig wohnen wollen, dann müssen *beide* Elternteile dieser Entscheidung zustimmen und sie richtig finden. Nur so übernehmen sie als Eltern die Verantwortung dafür.

Wer eine Entscheidung fällt, der trägt auch die Verantwortung für das, was daraus folgt!

Darum ist es für Kinder und Jugendliche eine grosse Entlastung, wenn die Erwachsenen zwar ihre Entscheidung mit ihnen besprechen, aber dennoch die ganze Verantwortung auf sich nehmen.

Am grössten ist die Entlastung dann für sie, wenn sie erleben, dass die Eltern sich *gemeinsam* auf eine Lösung einigen können, weil sie damit nicht in den inneren Zwiespalt geraten, zwischen den Eltern zu stehen und zwischen ihnen gefühlsmässig hin und her gerissen zu werden. Sie können *Kinder* bleiben, *weil* sie Mutter und Vater weiterhin als sorgende *Eltern* erleben.

‹Das klingt alles sehr einfach›, könnte man denken, ‹aber wie sieht es in der Wirklichkeit aus? Ehepartner, die sich trennen, sind schliesslich froh, wenn sie so wenig wie möglich miteinander zu tun haben. Wie sollen sie zu einer gemeinsamen Entscheidung kommen? Wenn die Kinder nicht entscheiden sollen und die Eltern es nicht können, dann muss halt das Gericht die ganze Angelegenheit regeln.›
Dieser Ausweg bleibt natürlich immer bestehen für diejenigen Fälle, in denen es den zerstrittenen Ehepartnern trotz aller Bemühungen nicht möglich ist, sich zu einigen. Aber weil die *gemeinsame Entscheidung der Eltern* so wichtig ist für das weitere Leben aller Familienmitglieder, lohnt es sich, die Bemühungen nicht aufzugeben und um eine gemeinsame Lösung zu ringen, selbst wenn dieser Prozess sich über vier bis fünf Jahre hinziehen sollte. Es ist richtig, dass meist Enttäuschung, Zorn, ja manchmal sogar Hass das Bild dessen bestimmen, von dem sich Ehepartner trennen wollen. Und es ist auch verständlich, dass manche Mutter und mancher Vater die Kinder am liebsten von diesem anderen Menschen fernhalten würden. Die Frage der ‹Kinderzuteilung› kann also zu einem harten Kampf ausarten, bei dem es aus der Sicht der beiden Gegner nur noch um Siegen oder Verlieren geht. Damit

konzentrieren sich die streitenden Eltern ausschliesslich auf den ehemaligen Partner als Feind und verlieren dabei das Wohlbefinden ihrer Kinder aus den Augen. Den Kindern geht auf diese Weise wirklich die Beziehung zu einem Elternteil verloren, und sie erleiden einen schweren Verlust, der ihr weiteres Leben überschattet und auf lange Sicht auch die Beziehung zum ‹siegenden› Elternteil belastet. Wird ein Elternteil vom Kind ferngehalten, dann wächst das Interesse an ihm, und es entstehen Phantasievorstellungen und Wunschbilder, die weit von dem wirklichen Menschen mit seinen Eigenschaften, Stärken und Schwächen entfernt sind. So kommt es nicht selten vor, dass junge Erwachsene aus Scheidungsehen dem einen Elternteil später Vorwürfe machen, vom andern Elternteil getrennt worden zu sein, und alles daran setzen, um eine Begegnung und damit die Möglichkeit eines wirklichen Kennenlernens herbeizuführen.

Wird aus der Frage, bei wem die Kinder nach der Scheidung wohnen sollen, ein Kampf, dann gibt es keine Sieger, sondern nur Verlierer.

Eltern werden zu kriegführenden Parteien und Kinder zu einer begehrten Beute, um deren Besitz gekämpft wird. Manchmal geraten die Kinder auch in die Rolle von Verbündeten, die die Streitenden gegeneinander ausspielen. Die guten und lebensnotwendigen Gefühle der Familienmitglieder untereinander wie gegenseitige Achtung und Respekt bei den Eltern und Liebe und Vertrauen der Kinder zu ihnen gehen dabei verloren.
Was kann aus diesem unlösbar scheinenden Konflikt heraushelfen?

Helfen kann nur der *freiwillige Verzicht* eines Elternteils auf seine wirklichen oder vermeintlichen Rechte; helfen kann nur eine Güte den Kindern gegenüber, die bereit ist, Opfer zu bringen!

Ein Verzicht auf das Sorgerecht wird dann alle Familienmitglieder letztlich zu ‹Gewinnern› machen, wenn er nicht als Schachzug im Kampf mit dem Partner, sondern ausschliesslich den Kindern zuliebe im Sinne einer Einigung geleistet wird. Die Antwort des sorgeberechtigten Elternteils könnte in diesem Fall darin bestehen, besonders grosszügige Zugeständnisse bei der Festlegung des Besuchsrechts zu machen.
Es gehört sehr viel Selbstüberwindung dazu, eine innere Einstellung zu verändern und den eigenen Standpunkt als verletzte Ehefrau oder verletzter Ehemann zu verlassen, um das Augenmerk ausschliesslich darauf zu richten, wie die Kinder eine gute und möglichst *normale* Beziehung zu beiden Elternteilen behalten können. Wer durch seinen Verzicht dazu beiträgt, dass die Mutter weiterhin Mutter und der Vater weiterhin Vater bleiben kann, der hat mehr zum Wohl der Kinder beigetragen als ein ‹Sieger›, der das Elternrecht in harten Kämpfen

erstritten hat. Die Früchte dieses Verzichtes können oftmals erst in späteren Jahren geerntet werden, wenn die herangewachsenen Kinder ihre Dankbarkeit dafür zeigen können, dass man ihnen erspart hat, als Zankapfel zwischen den Eltern dienen zu müssen.

Sollten Sie sich gerade in der Trennung befinden und sich dazu durchgerungen haben, auf einen Kampf zu verzichten, dann gibt es immer noch eine Reihe von Überlegungen und praktischen Fragen, die von Ihnen in Ihrem Entscheidungsprozess bedacht werden müssen:

- Was würde ein *Schulwechsel* mit sich bringen? Würde das Kind einen verständnisvollen Lehrer verlieren? Müsste es liebgewordene Freunde und Freundinnen verlassen? Müsste es ein Schuljahr wiederholen?
- Was gäbe es für Begleitumstände bei einem *Wohnungswechsel?*
- Welcher Elternteil ist eher in der Lage, die *Konstanz in der Erziehung* zu gewährleisten und die Unterbringung an Pflegeplätzen und den Wechsel von Betreuungspersonen zu vermeiden?
- Wer von Ihnen beiden kann in der Erziehung mehr *Konsequenz* an den Tag legen?

Neben allen praktischen Überlegungen gibt es noch einen Gesichtspunkt, der vor allem das seelische Wohlbefinden der Kinder berücksichtigt und wie ein Kompass die richtige Richtung zeigen kann:

Die Kinder sollten bei demjenigen Elternteil wohnen, der am *sichersten* garantieren kann, dass sie den *anderen* Elternteil oft sehen und zu ihm eine intensive Beziehung behalten können!

Woran ist dieser Vater oder diese Mutter zu erkennen?
Es ist derjenige von Ihnen beiden,

- der darauf verzichten kann, den anderen bei den Kindern schlecht zu machen
- der grosszügig sein kann in der Handhabung des Besuchsrechts
- der in der Lage ist, sein Kind zu diesen Kontakten zu ermuntern und zu motivieren, auch wenn das Kind selbst manchmal keine Lust dazu hat, und der sich nicht hinter der Einstellung verschanzt ‹Ich kann doch mein Kind nicht zwingen, den Vater/die Mutter zu besuchen!›

Wer auf das dauernde Zusammenleben mit den Kindern verzichtet, der sollte möglichst viel Gelegenheit zum Mutter-Sein oder Vater-Sein haben. Sieht ein Elternteil seine Kinder nur selten, besteht die Gefahr einer ‹Sonntagsbeziehung›: die Zeit des Zusammenseins fern vom Alltagsstress wird jedesmal zu einem Fest, wie man es für einen entfernten Verwandten, einen ‹Onkel aus Amerika› macht. Tatsächlich kommt es aber darauf an, dass die Kinder ein zweites Daheim vorfinden, eine Art ‹Nebenhafen› mit den gleichen Merkmalen wie das alltägliche Zuhause (sozusagen der ‹Haupthafen›):

- ein eigenes Bett zum Schlafen
- eine eigene Spiel- oder Arbeitsecke, falls ein eigenes Zimmer nicht möglich ist
- Rechte und Pflichten im Zusammenleben
- Forderungen des Erwachsenen und damit zusammenhängende Gelegenheit zu ‹normalen› Auseinandersetzungen und kein ‹Schonklima›

Mit anderen Worten: Es sollte für Kinder und beide Elternteile möglich werden, den Wechsel vom einen zum anderen Daheim als *Gewohnheit* zu empfinden. Dazu ist es notwendig, dass es einen gewissen Rhythmus und feste Abmachungen gibt, auf die sich alle Familienmitglieder einstellen können.

Je kleiner die Kinder noch sind, desto notwendiger ist diese Überschaubarkeit für sie. Kleine Kinder brauchen ganz besonders ein Gefühl der Sicherheit, das von den Eltern vermittelt wird, damit sie nicht den Boden unter den Füssen verlieren.

Die Vorstellung von *zwei* Familien und Orten des Daheimseins bedeutet somit auch, dass an beiden Orten Erziehung stattfindet. Das scheint Ihnen vielleicht undurchführbar zu sein; tatsächlich aber führen etliche Scheidungsfamilien so etwas wie eine gemeinsame Erziehung durch.

Wie kann sich der ‹entferntere› Elternteil an der Erziehung beteiligen? Die Miterziehung kann darin bestehen, dass dieser Elternteil die alleinige Verantwortung und Zuständigkeit für ganz bestimmte Angelegenheiten des Kindes übernimmt, z.B. für alle sportlichen oder musischen Aktivitäten.

Eine andere Form der Miterziehung kann darin bestehen, dass der Elternteil, bei dem das Kind lebt, den anderen über alle Angelegenheiten des Kindes informiert und wichtige Entscheidungen mit ihm bespricht.

In welcher Art diese Beteiligung an der Erziehung auch stattfindet: Damit alles gut funktionieren kann, müssen die Eltern alle Einzelheiten miteinander besprechen. Am besten ist es, alle Abmachungen schriftlich niederzulegen.

Kinder, deren Eltern geschieden sind, leiden darunter, das gemeinsame Familienleben verloren zu haben. Mit den Gefühlen der Trauer, vielleicht der Auflehnung oder Scham fertigzuwerden, ist für sie nicht einfach. Mit der Zeit ist es aber möglich, dass sie das Leben in *zwei* Familien sogar als Bereicherung empfinden, den Zuwachs an Verwandten z.B. oder die Möglichkeit, Ferien mit jedem Elternteil einzeln und anders zu erleben.

Wir möchten Sie dazu ermutigen, sich Ihre eigenen Gedanken darüber zu machen, welche Form des Getrenntlebens für Ihre Familie die beste ist, und dabei auch ganz unkonventionelle Lösungen in Betracht zu ziehen. Vielleicht wäre es für Sie anstatt der üblichen Regelung des Alleinerziehens und des Besuchsrechts viel günstiger, wenn Sie nahe beieinander liegende Wohnungen beziehen und die Kinder die eine Hälfte der Woche bei der Mutter und die andere Hälfte beim Vater leben würden? Oder vielleicht sollte das Mädchen bei der Mutter bleiben, während der Bub zum Vater zieht? Wenn Sie *alle* Möglichkeiten, auch ungewöhnliche, bedacht und besprochen haben, ist die Chance grösser, dass mit der neuen Regelung alle zufrieden sein können.

Wenn es Ihnen also gelingt, sich *gemeinsam* darauf zu einigen, bei wem die Kinder nach der Trennung wohnen sollen, und wenn Sie über alle Fragen und Regelungen des daraus folgenden Besuchsrechts miteinander im Gespräch bleiben können, dann kann eine Scheidung für die Kinder auch *positive Folgen* haben.

Es kann vorkommen, dass der nicht sorgeberechtigte Elternteil nach der Scheidung den Kontakt zu seinen Kindern einschränken oder sogar ganz abbrechen möchte. Das ist für die Kinder eine schmerzliche Erfahrung, die ihnen erleichtert werden kann, wenn der betreffende Vater oder die betreffende Mutter selbst mit den Kindern spricht und Gründe für die Absicht angibt. Auf diese Weise erfahren die Kinder, dass die Verantwortung für diesen Schritt nicht bei ihnen liegt. Dadurch werden sie sich von falschen Schuldgefühlen entlastet fühlen. Es kann so auch keine Schuldzuschreibungen an andere Familienmitglieder geben, und zusätzliche Konflikte können vermieden werden.
Immer wieder stellen scheidende Ehepartner fest, dass sie nicht mehr miteinander reden können, ohne sofort in die alten Streitereien zu verfallen. Der Groll aufeinander sitzt so tief, dass es fast unmöglich ist, den notwendigen Abstand und ‹geschäftlichen› Umgangston zu finden, um ohne fremde Hilfe alle die geschilderten Regelungen und Abmachungen miteinander treffen zu können. Dann kann ein neutraler dritter Gesprächspartner, eine *Fachperson* zur Hilfeleistung beigezogen werden (eine Kontaktadresse findet sich am Ende des Buches).

Manchmal genügt es auch, sich viel *Zeit* zu lassen für die Entscheidungsfindung und trotz aller Schwierigkeiten nicht aufzugeben, sondern immer wieder neu nach einer Lösung zu suchen.
Und in den Fällen, wo es wirklich nicht möglich ist, dass Sie als Eltern sich in irgendeiner Form einigen, kann der beste Ausweg darin bestehen, schliesslich die Entscheidung des *Gerichtes* gemeinsam anzunehmen.

WAS WIRD NACH DER TRENNUNG ANDERS SEIN?

Wie im Kapitel ‹Familie, was ist das?› beschrieben wurde, gibt es verschiedene Formen von Familien. Mit der Scheidung verändert sich die Zusammensetzung Ihrer Familie und das Familienklima. Sie bleiben aber eine Familie – eben eine getrennte Familie. Wir erachten *jede* Familie als eine *Einheit*, die aus den einzelnen Mitgliedern und deren wechselseitigen Beziehungen (Einwirkungen) besteht.
Man betrachtet die *Familieneinheit* auch als ein *System*. Dieses *Familiensystem*, an welchem Sie bisher teilnahmen, bestand aus den Kindern und *zwei* Elternteilen. Diese lebten nahe *miteinander* und arbeiteten mehr oder weniger gut im Familien-Alltag zusammen. Jetzt hingegen besteht Ihr Familiensystem erstens aus dem Elternteil, der mit den Kindern zusammenlebt, und zweitens aus dem Elternteil, der aus *Distanz* seine elterlichen Pflichten erfüllt.

Dadurch, dass ein Elternteil nach der Scheidung ausserhalb der Familie lebt, ergibt sich eine Neuverteilung der familiären Pflichten.

Ausser den *räumlichen* Veränderungen finden auch Veränderungen in den *Beziehungen* der Familienmitglieder zueinander statt.
Was für die Kinder an äusseren Merkmalen anders wird (Wohnort, Wohnung, neue Schulklasse, neue Kollegen, veränderte finanzielle Lage, allenfalls Berufstätigkeit der Mutter usw.), wurde im Kinderteil des Buches beschrieben. Deshalb gehen wir hier auf diese Veränderungen nicht mehr näher ein. *Im folgenden besprechen wir jene Veränderungen, welche die familiären Beziehungen betreffen.*
Die Beziehungen der einzelnen Familienmitglieder zueinander *nach* der Scheidung sind stark davon abhängig, *wie* und nach welchem ‹Muster› die Eltern geschieden wurden.

Wir können zwei Scheidungsmuster unterscheiden:
Die Harmonie-Scheidung. Dabei geht es den scheidenden Ehepartnern darum, möglichst viel Positives von ihrer Beziehung auch nach der Scheidung aufrechtzuerhalten. Negative Auseinandersetzungen mit Beschimpfungen, Vorwürfen usw. werden vermieden, um später einen guten Kontakt als geschiedene Eltern zueinander zu haben. Sie sind eher bereit, z.B. einen Geldbetrag zu ‹verlieren› oder auf ein Möbelstück bei der Inventaraufteilung zu verzichten, damit sie später – wie man sagt – ‹gute Freunde› sein können. Dieser gute Kontakt der geschiedenen Eltern kann aber für die Kinder unter Umständen zu einer Falle werden, weil beim Kind die Hoffnung (und die Illusion) belebt wird, dass die Eltern wieder zusammenkommen könnten.
Die Streitscheidung. Bei diesem Scheidungsmodell gehen die Rivalitäts- und Machtkämpfe weiter. Die beiden Ex-Partner sind vor allem darauf bedacht, möglichst wenig an materiellen Dingen zu

verlieren (z.B. Geld, Wohnung oder Haus, Mobiliar, Auto, Versicherungen usw.). Es geht ihnen in erster Linie darum, als ‹Sieger› aus der Scheidung zu kommen.
Je nachdem, nach welchem Scheidungsmodell die Eltern auseinandergegangen sind, werden auch die Beziehungen aller anderen Familienmitglieder zueinander beeinflusst.
Als Ausdruck einer Streitscheidung können die Eltern beispielsweise eine lange Zeit nach der Scheidung immer noch miteinander *rivalisieren* (etwa um die Gunst des Kindes). Wie unangenehm das für die Kinder sein kann, muss hier wohl kaum betont werden.
Übrigens: Nicht nur der Ex-Partner, auch ganze Familiensysteme können miteinander rivalisieren. Wenn der Vater z.B. eine neue Familie gründet, kann ein Wettstreit entstehen, welches denn jetzt die erfolgreichere und glücklichere Familie ist. Die Kinder werden als Mitstreiter in diesen Konkurrenzkampf hineingezogen und dadurch zusätzlich emotional belastet.
Falls die Erwachsenen *persönliche* Probleme (miteinander) haben, sollten sie, soweit es ihnen möglich ist, versuchen, ihre Kinder nicht damit zu belasten. Kinder sind mit diesen Erwachsenen-Sorgen überfordert. Ausserdem sind viele persönliche Probleme der Mutter/des Vaters für das Kind *uninteressant*. Wenn Sie als Eltern dies erkannt haben, werden Sie Ihrem Kind nicht allzusehr Ihre persönlichen *Erwachsenen-Probleme* anvertrauen. Ist eine Ihrer Sorgen sehr gross, können Sie das zwar kurz erwähnen, es aber nicht bis ins Detail mit Ihrem Kind besprechen.
Das hängt natürlich auch vom Alter ihres Kindes ab. Je jünger Ihr Kind ist, desto weniger sollte es in die Probleme der Erwachsenen miteinbezogen werden.
Es sollte von den Sorgen der Erwachsenen möglichst frei sein, um sich in seiner altersgemässen Art mit der Welt beschäftigen zu können.

Bemühen Sie sich, auseinanderzuhalten, welche Ihrer Sorgen wirklich das Kind und seine Entwicklung und welche Sie selbst als Person betreffen.

Unabhängig von der Art Ihrer Sorgen, die mit der Scheidung zusammenhängen, sollten Sie daran denken, dass die *Scheidungs-Verarbeitung* in *PHASEN* verläuft und dass die Familie Zeit braucht, um die verschiedenen Phasen zu überwinden.
Wir können nach dem sogenannten *Schockerlebnis* folgende Phasen beobachten, die die Kinder durchlaufen, bis sie sich in einem veränderten Familiensystem mit nur *einem* Elternteil zurechtfinden:

- Eine Zeit der *Gefühlsverwirrung* des Kindes.
- Eine Zeit des *übermässigen Engagements* für die Eltern
- Eine Zeit des *Experimentierens*

- Eine Zeit der *Umstellung* auf das neue *Gleichgewicht.*

Gefühlsverwirrung und Desorientierung

Dies ist die erste Phase nach dem Schock. Das Kind gerät in ein wahres Durcheinander der Empfindungen. Es empfindet abwechselnd Trauer, Ärger, Angst – in verschiedener Intensität und Schattierung. Gleichzeitig verliert es an Sicherheitsgefühl und an Orientierung. Einige Kinder wollen nicht wahrhaben, dass die Eltern sich scheiden, und lehnen diese Tatsache ab. Einige Kinder (je nach Alter und Entwicklungsstufe) können nicht verstehen, was um sie herum geschieht, und bekommen Angst (oder sie spiegeln die Angst ihrer Eltern wider). Es ist, als ob das Kind den Boden unter den Füssen verlöre, weil das Gewohnte vorbei und das Neue noch nicht da ist.
Während dieser Phase versucht das Kind manchmal, seiner Desorientierung und Unsicherheit dadurch zu entrinnen, dass es sich *deutlich kindlicher benimmt, als es seinem Alter und seinen Fähigkeiten entsprechen würde.* Dadurch kehrt das Kind in eine frühere Entwicklungsstufe zurück, in der es sich geborgener und sicherer fühlte, da es mehr Zuwendung und Aufmerksamkeit von seinen Eltern bekam. Häufig ist auch das gleiche Verhalten in der entgegengesetzten Entwicklungsrichtung zu beobachten. Das Kind legt dabei *ein betont erwachsenes Verhalten* an den Tag. Es wirkt ‹altklug› und abgeklärt. Man könnte sagen, das Kind beeilt sich, möglichst schnell erwachsen, frühreif und selbständig zu werden, um sich dadurch mehr Sicherheit zu verschaffen.
Deshalb ist es in dieser Phase wichtig, dass die Eltern so zum Kind reden, dass es zuversichtlich wird und seinen Eltern – trotz allem – vertrauen kann.
Wenn Ihr Kind nach der Scheidung vermehrt krank wird oder häufig verunfallt, sollten Sie dies auch im psychologischen Zusammenhang (und nicht bloss als Zufall) sehen. Allzu häufiges Erkranken kann Ausdruck von gefühlsmässigem Stress oder Desorientierung des Kindes sein. Da das Kind nicht weiss, was nach der Scheidung der Eltern auf es zukommt, und weil es auch nicht in der Lage ist, all das, was es beschäftigt, verbal zu formulieren, kann es nur körperlich, und zwar mit verschiedenen Symptomen reagieren. Dazu gehören nebst den allgemeinen Erkrankungen insbesondere auch die funktionellen Störungen wie Bettnässen, Stottern usw.

Übermässiges Engagement des Kindes für die Eltern

Unsicherheit ist ein unangenehmes Gefühl, das man gern überspielt. Wenn Ihr Kind das tut, dann geschieht dies vielleicht in der unbewussten Absicht, die Unsicherheit nicht spüren zu müssen.

Jedenfalls gibt es mehrere Möglichkeiten für ein Kind, seine Unsicherheit zu verdecken.
Ein möglicher Weg besteht darin, dass das Kind einem Elternteil sehr nahe kommt und aus dieser *Nähe* zu Vater oder Mutter einerseits *Schutz* für sich erhofft und andererseits auch diesen Elternteil zu *schützen* wünscht. So kann man zum Beispiel feststellen, dass Kinder, die mit der Mutter zusammen leben, die *Rolle* oder *Position* des fehlenden Vaters zu übernehmen versuchen, sei es, um die Mutter zu beeinflussen und zu kontrollieren oder um ihr einen *Ersatz für den fehlenden Partner* zu bieten. Vielfach wollen die Kinder der Mutter helfen, wenn es ihr schlecht geht, und überfordern sich dabei. In einem solchen Fall, wo Ihr Kind sich übermässig für Sie als Vater oder Mutter *engagiert*, sollten Sie ihm erklären, dass diese ‹Hilfe› und ‹Unterstützung› nicht notwendig ist. Nennen Sie ihm dabei die anderen erwachsenen Personen, an die Sie sich wenden können, wenn Sie Hilfe brauchen (z.B. die Grosseltern, Freunde, Nachbarn, Therapeuten usw.). Auf jeden Fall lassen Sie Ihr Kind nicht zu lange die Rolle der ‹kleinen Ehefrau des Vaters› oder des ‹kleinen Ehemannes der Mutter› spielen. Andere kindgerechte Spiele sind für Ihr Kind wichtiger! Wenn Ihr Kind sich weigert, in den Kindergarten oder zur Schule zu gehen, und lieber zuhause (bei Ihnen) bleibt, dann kann es sein, dass es sich übermässig Sorgen um Sie macht und Ihnen immer Gesellschaft leisten will, damit sie (beide) nicht allein sind.

Wir kennen aus der Praxis Jugendliche, die am Morgen nicht aus dem Bett kommen, um sich eine Beschäftigung oder eine Lehrstelle zu suchen, weil sie bereits zu Hause eine ‹Beschäftigung› haben: der ‹Babysitter› der Mutter oder des Vater zu sein.

Experimentieren und Ausprobieren

Solange die Eltern verheiratet waren, hatten es die Kinder direkt mit zwei erziehenden Personen zu tun. Im neuen Familiensystem ist vorerst nur noch ein erziehender Erwachsener da. Die Kinder müssen sich auf diese neue Situation einstellen.
Es ist naheliegend, dass sie *zuerst einmal die Vor- und Nachteile ausprobieren, die daraus entstehen, dass man nur einen erziehenden Elternteil hat.* Sie versuchen herauszufinden, ob jetzt die Grenzen (Verbote, Gebote usw.) leichter zu durchbrechen sind oder ob die Grenzen stärker und enger geworden sind. Zu diesem ‹Experimentieren› gehören Beispiele wie: zu spät schlafen gehen oder zu spät nach Hause kommen, lange fernsehen usw.
Während ihrer Experimentierphase versuchen die Kinder oft auch, den einen Elternteil gegen den anderen *auszuspielen*, um sich so irgendwelche Vorteile (z.B. Geschenke) zu verschaffen. Das gelingt den Kindern um so leichter, je weniger die Eltern zusammenarbeiten und/oder je stärker sie sich Selbstvorwürfe machen, dass sie mit ihrer Scheidung allzu egoistisch gehandelt hätten. Mit

anderen Worten: Die Kinder versuchen, aus dem ‹schlechten Gewissen› der Eltern einen meistens materiellen Vorteil für sich zu gewinnen!
In der Phase des Experimentierens werden die Kinder auch versuchen (bewusst oder unbewusst), das Elternpaar *wieder zusammenzubringen!* Manchmal verhalten sie sich dabei so, dass der sorgeberechtigte Elternteil an seine persönlichen Grenzen kommt und damit gezwungen wird, Hilfe beim andern Elternteil zu holen. So steigern sich Jugendliche etwa in Schulprobleme hinein oder in Alkohol- und Drogenmissbrauch usw. Um solche Entwicklungsprozesse zu verhindern, hilft es, wenn die Eltern dem Kind klarmachen, dass sie in Zukunft *definitiv* nicht mehr zusammen leben wollen, jedoch beabsichtigen, bei (allfälligen) Erziehungsproblemen zusammenzuarbeiten.
Oft ist es nicht klar, was das Kind mit seinem Verhalten beabsichtigt; ob es versucht, die Eltern wieder zusammenzuführen oder sie z.B. in Geldangelegenheiten gegeneinander auszuspielen. Ganz unabhängig davon, welche Absichten das Kinder-Verhalten hat, müssen sich die Eltern mit solchen ‹Experimenten› ihres Kindes auseinandersetzen, indem sie z.B. fragen, wieviel Geld der/die andere dem Kind gibt. Dabei besteht die Kunst der Erziehung darin, dass man *auffälliges Verhalten der Kinder nicht verharmlost, aber auch nicht übertreibt.*
Jeder erziehende Vater oder jede erziehende Mutter muss *individuell* auf jedes seiner/ihrer Kinder *eingehen*, um dem Kind zu zeigen, dass man es ernst nimmt, und um herauszufinden, was das Kind *wirklich* will und braucht.

Die Stabilisierung eines neuen Gleichgewichts

Sobald sich die emotionale Verwirrung und die Unsicherheit der Kinder gelegt haben, die Experimentierfreude vorbei ist und die Kinder vom übermässigen Einsatz für ihre Eltern ablassen, können wir sagen, dass die Ablösung der Kinder von der Scheidungsproblematik der Eltern stattfindet. Kinder werden erst dann die Scheidung ihrer Eltern sozusagen ‹verarbeitet› und ihre Krise überwunden haben, wenn sich das neue Gleichgewicht eingespielt hat.
Manche Kinder durchleben die verschiedenen Phasen langsam und sichtbar, andere wiederum tun dies fast unmerklich.
Wenn die Eltern ihre Kinder auf die Trennung bzw. Scheidung gut vorbereitet und sie durch die verschiedenen Stadien der Scheidungsverarbeitung begleitet haben, dann können sich die Kinder von ihrem Schock *rascher* erholen und sich frei entwikkeln.
Manche Eigenschaften entwickeln sie sogar schneller und früher als Kinder aus nicht geschiedenen Familien, wie aus einer amerikanischen Untersuchung von Kelly und Wallerstein (siehe Bücherliste) hervorgeht. Demnach entwickeln Kinder aus

geschiedenen Familien früher die Fähigkeit zu einer selbständigen Lebensführung.
Kinder, deren Eltern sich scheiden, verlieren eine Zeitlang den Boden unter den Füssen, d. h., sie geraten aus ihrem gewohnten Gleichgewicht. Mit der Zeit stabilisieren sie sich wieder innerlich und äusserlich. Sie finden sich zurecht in der neuen Familienkonstellation und können sich selbst und ihre Eltern wieder akzeptieren.
Die Gleichgewichtsfindung der Kinder in der Scheidungssituation hängt stark von der *Beziehungsqualität* ab, die die Kinder zu ihren Eltern erfahren. *Deshalb ist es auch für den nicht sorgeberechtigten Elternteil wichtig, auf eine qualitativ gute Beziehung zum Kinde zu achten*. Diese können Sie erreichen, indem Sie während der Zeit, in der das Kind bei Ihnen ist, nicht nur sogenannt ‹Schönes› unternehmen, um dem Kind Ihre Liebe zu zeigen, sondern auch *Forderungen* direkt an das Kind stellen. Kinder haben grosse Freude nicht bloss an Freiheit und Freizeit, sondern auch daran, *Verantwortung* tragen zu können und *erfolgreich* zu sein. Eine qualitativ gute Beziehung der Eltern zum Kind ist nicht eine nur verwöhnende Beziehung, denn dadurch verliert das Kind den Bezug zur Lebensqualität. Wenn Sie Ihrem Kind einen Gefallen tun möchten, so können Sie das nicht nur tun, indem Sie Ihr Kind beschenken, sondern auch, indem Sie dem Kind aufzeigen, wie wertvoll es sein kann, sich z.B. an Regelungen zu halten, sich Grenzen zu setzen und Ziele zu erreichen. Auch wenn ein Elternteil durch die Scheidung auf den täglichen Kontakt zum Kind verzichtet, muss er/sie auf ein gutes Verhältnis zum Kind nicht verzichten. Dabei ist auch mit den sogenannten ‹Hochs und Tiefs› in der Beziehung zu rechnen. Die Beziehung zum Kind wird phasenweise einmal besser und einmal schlechter sein, was übrigens auch der Fall wäre, wenn die Familie keine Scheidung erlebt hätte.

Da eine Scheidung nur die *Eheverbindung* auflösen kann, nicht aber die *Elternschaft,* sollte die väterliche bzw. mütterliche *Verantwortung gegenüber dem Kind* weiterhin wahrgenommen und getragen werden. Es kann eine schöne und wichtige Aufgabe sein, *auch aus der Scheidungssituation heraus* etwas für das Wohl des Kindes zu tun.

DIE BESONDERE BEZIEHUNG ZWISCHEN KINDERN UND ELTERN

‹ICH HABE BEIDE ELTERN GERN, UND ICH MÖCHTE VON BEIDEN GELIEBT WERDEN›

Wir haben in Kapitel 4 gesehen, dass nach der Scheidung sich vieles für die Familie *verändert*. Was sich jedoch *nicht verändert*, ist die *gefühlsmässige Verbindung* der Kinder zu *beiden* Eltern. Kinder können dank ihrer raschen Anpassungsfähigkeit mit fast allen räumlichen und sozialen Veränderungen des Familienlebens nach der Scheidung fertig werden.
Die meisten Probleme, die für die Kinder im Zusammenhang mit der Scheidung entstehen, sind emotionaler Natur, und zwar deshalb, weil sie sowohl für den Vater wie auch für die Mutter Solidarität, das heisst Verbundenheit, empfinden.

Verbundenheit und Solidarität mit den Eltern

Wir gehen davon aus, dass alle Kinder schon seit früher Kindheit eine besondere Bindung zu ihrem Vater und eine ebenso besondere Bindung zu ihrer Mutter aufbauen. So wie die Person des Vaters und der Mutter verschieden sind, so unterscheidet sich auch die *Bindungsart*, welche die Kinder zu jedem ihrer Eltern entwickeln.
Wenn Sie Ihre Kinder genau beobachten, wird es Ihnen nicht schwerfallen, die spezifische *Art* der Verbindung zwischen Kind und Vater/Mutter festzustellen.
Jedes Kind fühlt, auf welche Art und wie stark es von seinen Eltern geliebt wird. Ebenso spürt es auch, dass mit dieser *Liebe* auch eine Verpflichtung des Kindes zu den Eltern verbunden ist. Das Kind kann auch deutlich die verschiedenen *Verpflichtungen* gegenüber jedem einzelnen Elternteil unterscheiden. Es gibt beispielsweise Ereignisse in seinem Leben, von denen das Kind weiss, dass Vaters Augen leuchten, wenn es davon berichtet (denken Sie an sportliche Leistungen, falls der Vater sportlich interessiert ist). Und es gibt andere Ereignisse, von denen das Kind weiss, dass die Mutter stärker darauf reagieren wird (etwa bei intellektuellen Leistungen, falls die Mutter intellektuell orientiert ist). Ob die elterliche Reaktion akzeptierend oder tadelnd ist, ist in diesem Zusammenhang nicht so wichtig. Wesentlich für das Kind ist, zu erleben, wie bedeutend das Thema beziehungsweise Ereignis für Mutter oder Vater ist.
Wenn die stärkere verbale oder emotionale Reaktion zum Beispiel vom Vater kommt, fühlt das Kind sowohl die Nähe der Beziehung zum Vater als auch die *Erwartungen*, die er in das Kind setzt. Dadurch ergibt sich für das Kind ein Gefühl der Verbundenheit und der persönlichen Verpflichtung, eine Art ‹innere Treue› zum Vater. Dasselbe gilt auch für die Mutter beziehungsweise für beide Elternteile, und je nachdem handelt es sich um die Solidarität zum Vater, zur Mutter oder zu beiden oder auch zu Grosseltern und älteren Geschwistern.
Ein Kind legt manchmal ein solches Verhalten an den Tag, mit dem es (durch seine Aktionen und Reaktionen) Vater und Mutter prüfen kann. Das heisst, es fordert seine Eltern heraus, um die Zuverlässigkeit und *Festigkeit der Verbundenheit* und

Solidarität der Eltern zum Kind zu erfahren und zu *überprüfen.* Viele übertriebene Reaktionen des Kindes bergen in sich die unbewusste Absicht, die Grenzen dieser Solidarität zu erfassen.
Mit der Zeit weiss das Kind, *was* für den Vater im Leben wichtig ist und was für die Mutter. Jedesmal, wenn es seine Liebe und Treue beispielsweise zur Mutter bezeugen will, verhält es sich *gemäss* den mütterlichen Werten, und jedesmal, wenn es seine Unabhängigkeit deklarieren will, eben *entgegengesetzt.*

Am Verhalten des Kindes lässt sich erkennen, ob und inwiefern es die mütterlichen oder väterlichen Wertmassstäbe übernommen hat, und damit also ‹loyal› zum jeweiligen Elternteil ist.

Anders gesagt: Das Kind verhält sich zum Vater beziehungsweise zur Mutter wie ein *treuer ‹Bündnispartner›.* Dadurch beweist es seine Abhängigkeit von den Eltern und seine starke Orientierung an ihnen beziehungsweise an der familiären Tradition. Diese loyale Verbindung des Kindes mit seinen Eltern ist vielfach ‹unsichtbar›. Unsichtbare oder verborgene Bindungen zu den Eltern sind jedoch nicht weniger stark und können ein Leben lang andauern.

Der Loyalitätskonflikt

Haben Vater und Mutter eine ähnliche Lebenseinstellung und setzen sie dieselben Wertmassstäbe, ist es für das Kind einfacher, seine Loyalität (also die ‹Linien-Treue›) zu beiden Eltern auszuleben.
Wenn aber die Eltern stark entgegengesetzte Persönlichkeiten sind und ihre Unterschiede betonen, wird es für das Kind entsprechend schwieriger; es spürt, dass beide vom Kind erwarten, dass es ‹so ist wie sie selbst›.
Wenn die Eltern in starken Widerstreit geraten sind und einander bekämpfen, fühlt sich das Kind *gespalten* zwischen seiner loyalen Haltung und Treue zum Vater und seiner Loyalität und Treue zur Mutter. Dadurch gerät es mit Sicherheit in einen sogenannten Loyalitätskonflikt.

Eine ausgesprochene Rivalität zwischen den Eltern, wobei der eine Elternteil am anderen nichts mehr positiv finden kann, verunsichert die Kinder sehr, weil sie in einen Konflikt geraten, zu wem sie nun solidarisch sein sollen.

Ist zum Beispiel ein Kind stark verbunden mit dem Vater, der die Wohnung verlassen hat, bleibt es nur widerwillig bei der Mutter wohnen, und beide bekommen laufend Schwierigkeiten miteinander.
Oft ist es für die Kinder unerträglich, im Loyalitätskonflikt zu leben. Manche Kinder versuchen ihm zu entfliehen, indem sie sich *einseitig* mit *einem* Elternteil identifizieren, gänzlich dessen Optik überneh-

men und den anderen Elternteil ablehnen oder sogar ‹hassen›.
Die einseitige Bündnis-Bildung wird manchmal auch von seiten der Eltern gefördert, indem zum Beispiel der eine mit dem Kind *Geheimnisse* hat, welche dem anderen Elternteil nicht verraten werden dürfen. Dies wirkt sich letztendlich sehr zum Nachteil des Kindes aus, weil das Kind zwischen Vater und Mutter gerät, und weil es dadurch die Rolle eines Erwachsenen zugeteilt bekommt und somit nicht Kind sein kann.
Eltern und Kinder sind manchmal *gefühlsmässig* viel stärker miteinander verbunden, als es den Anschein macht. Dieser emotionale Verbindungs-‹Draht› wird durch das (loyale) *Verhalten* des Kindes sichtbar.

Die loyale Haltung des Kindes zu Vater beziehungsweise Mutter zeigt die feste Bindung und Orientierung des Kindes an *beide* Eltern.

Wir veranschaulichen das mit einem Beispiel aus der familientherapeutischen Praxis:
Frau B. ist seit einem halben Jahr geschieden und lebt mit der achtjährigen Tochter zusammen, die der Mutter nach der Scheidung immer mehr Probleme mit Ungehorsam macht, was früher, als auch der Vater da war, sehr selten vorkam. Sie kommt von der Schule nicht pünktlich nach Hause, hält sich ungern an die Anordnungen der Mutter, und wenn die Mutter Gäste hat, scheut sie nicht, zur Mutter in unangebrachtem Tonfall zu reden. Weder Gespräche zwischen Mutter und Tochter noch Strafen haben zu einer Verhaltensänderung geführt. Im Gegenteil, es wurde alles noch schlimmer. Die Mutter wunderte sich sehr darüber, sie verstand das Kind nicht mehr.
Wenn wir dieses Verhalten des Kindes im grösseren Zusammenhang sehen, lässt sich folgendes erkennen:
Herr B. ist von der gemeinsamen Wohnung weggezogen in die Wohnung seiner Freundin. Dem Kind wurde als Scheidungsgrund die Freundin genannt und erklärt, dass Papi diese Frau *lieber* habe als Mami und nun diese Freundin heiraten wolle.
Durch seine *Abwendung* von der Ehefrau zu einer neuen Partnerin hin *entwertet* Herr B. seine Frau in den Augen des Kindes. Das Kind bekommt den Eindruck: ‹Mami ist für Papi nicht so wertvoll, sonst würde er sie nicht verlassen. Andere Frauen sind für Papi offenbar wertvoller, so sehr sogar, dass er auch mich verlässt, obwohl er mir sagt, dass er mich lieb hat.›
Wenn das Kind psychologisch formulieren könnte, würde es uns in etwa folgendes sagen:
‹Ich habe Papi immer noch sehr lieb, und ich brauche ihn. Irgendwie will ich ihm das auch zeigen. Meine Zuneigung beweise ich ihm, indem ich seine Meinung übernehme und danach lebe. Das heisst, Mami ist für mich genauso schlecht (abgewertet) wie für Papi. Dementsprechend muss ich ihren Anweisungen nicht mehr Folge leisten.›

In diesem Fall zeigt das Kind Solidarität und Treue zum Vater. Wenn der Vater die Mutter entwertet, indem er sie verlässt, *imitiert* das Kind mit seinen eigenen Möglichkeiten den Vater.
Ein solches Kindesverhalten kommt häufig vor. Deshalb ist es von grosser Bedeutung, dass der geschiedene Ehemann unterscheidet zwischen den Eigenschaften der Frau als seiner Ex-Partnerin und den Eigenschaften der Frau als Mutter und Erzieherin.
Herr B. müsste also beim nächsten Besuch mit der Tochter sprechen und dabei versuchen, seine Ex-Frau *als Mutter* aufzuwerten und zu unterstützen. Er müsste dem Kind erklären, dass, obschon er nicht mehr mit der Mutter zusammen leben will, er doch Achtung für diese Frau empfindet und sie als eine gute Mutter schätzt.
Zusätzlich müsste er der Tochter die klare Anweisung geben, der Mutter zu gehorchen. Indem sie das tue, könne sie *ihm* ihre Zuneigung und Loyalität am besten zeigen.
Es ist wichtig für das Kind, zu spüren, dass die Eltern über seine Erziehung *grundsätzlich gleicher Meinung* sind und dass die Mutter als der ‹sorgeberechtigte› Elternteil vom Vater in dieser Erziehungsfunktion anerkannt und unterstützt wird. Die Eltern können und müssen allerdings nicht immer und überall dieselbe Meinung vertreten. Es genügt, wenn sie bei wichtigen Vorkommnissen und Entscheidungen grundsätzlich einer Meinung sind (zum Beispiel bezüglich Schul- oder Berufswahl).

Das Kind soll auch lernen, dass bei Vater und Mutter verschiedene Regelungen gelten können, dass es also zwei verschiedene Welten gibt. Das Kind sollte jedoch die beiden nicht gegeneinander ausspielen, weil dadurch die Rivalitäten der Eltern wieder belebt würden. Die Mutter könnte beispielsweise sagen: ‹Bei mir gilt das und bei Vater jenes›, und umgekehrt. Man kann damit das Kind vor Loyalitätskonflikten schonen, weil es erfährt, dass der eine Elternteil den Erziehungsstil des anderen toleriert.
Je nachdem, *wieviel* und *was* sich für die Eltern mit der Scheidung verändert, kommen manchmal bestimmte Eigenschaften des Mannes/der Frau deutlicher ans Tageslicht als während der Ehe. Manche Menschen werden zum Beispiel nach der Scheidung aggressiver, andere depressiver und verbitterter als vorher und wieder andere aufmerksamer und liebevoller zu ihren Kindern. Wir haben auch beobachtet, dass viele Eltern nach der Scheidung überraschenderweise *verantwortungsbewusster* werden. Eine solche Wandlung hat auch Auswirkungen auf das Kind. Es verändert (oder verschiebt) auch die Verpflichtungen des Kindes gegenüber diesem Elternteil.
Die Art und Weise, wie das Kind nach der Scheidung seinen Eltern *gefühlsmässig verpflichtet* ist, kann sich ändern. Unverändert bleibt jedoch die Tatsache, dass das Kind auch nach der Scheidung mit beiden Eltern emotional verbunden bleibt und sich loyal verhält.

Die Beziehung zwischen Vater und Kind, Mutter und Kind kann nicht ‹geschieden› werden.

Dies gilt auch für einen Elternteil, der sich nach der Scheidung gar nicht um das Kind kümmert.

Aus all dem, was wir hier über die *emotionale Bindung* des Kindes und seine *loyale Haltung* beiden Eltern gegenüber besprochen haben, ergeben sich auch konkrete Handlungsanweisungen:

- Es ist für die Entwicklung des Kindes wichtig, dass Sie seine Zuneigung und Liebe und Treue zum anderen Elternteil *akzeptieren*.

Man sollte also gerade *nicht* in der Weise reagieren, wie dies Frau Tausend (siehe Kinderteil) tut, als sie das Foto des Vaters auf dem Nachttisch des Kindes sieht: ‹Reicht es Dir nicht, wenn Du ihn am Wochenende siehst, willst Du ihn jeden Tag anschauen?›

Besser wäre es, dem Kind zu *erlauben*, seiner Liebe und Bewunderung (oder Sehnsucht) zum Vater so Ausdruck zu geben, dass es beispielsweise ein Bild aufstellt, häufig telefoniert oder schreibt.

- Trotz allen Konflikten während einer Scheidung ist die Einigung der Eltern in den wichtigsten Erziehungsfragen für das Wohlergehen der Kinder notwendig!

Der getrennt lebende Elternteil muss dem Kind zeigen, dass er den erziehenden Elternteil in seinen Erziehungspflichten voll unterstützt.

Falls der abwesende Elternteil mit dem Erziehungsstil des anderen nicht einverstanden ist, soll er/sie (anstatt die Kompetenz des sorgebeauftragten Elternteils beim Kind in Frage zu stellen) folgendes versuchen: Das Gespräch mit dem sorgeberechtigten Teil suchen und eine Übereinstimmung beziehungsweise Klärung anstreben. Vielfach gelingt diese Klärung, wenn man es (nochmals) versucht. Kommt allerdings keine Übereinstimmung zwischen Vater und Mutter zustande, ist es wohl besser, man überlässt dem sorgeberechtigten Elternteil die volle Erziehungsverantwortung. Vergessen wir in diesem Zusammenhang, dass manchmal das *Verzichten auf Streitigkeiten* auch einen wesentlichen Beitrag zum Kindeswohl darstellt.

Sind Ihre Bedenken jedoch schwerwiegender Art, können Sie auch fachkundige Hilfe für sich beanspruchen.

- *Es ist sinnvoll* und wichtig, die *äussere* und *innere Distanz* zum Ex-Partner möglichst rasch herzustellen, denn die klare Abgrenzung *ermöglicht erst* eine sachliche und faire Diskussion von Erziehungsfragen.

Die erfolgreiche Abgrenzung ist Voraussetzung dafür, dass die Kinder nicht wie Schachfiguren im ‹Spiel› der Eltern herumgeschoben werden.

Viele Hoffnungen, Erwartungen und Anforderungen der Eltern an das Kind sind nicht klar und eindeutig. Deshalb erweist sich eine diesbezügliche, offene Aussprache zwischen dem jeweiligen Elternteil und dem Kind als besonders hilfreich.

Falls Sie solche Aussprachen mit Ihrem Kind halten möchten, empfehlen wir Ihnen folgendes:

- Denken Sie gut darüber nach, *was* genau Sie von Ihrem Kind erwarten.
- Fragen Sie sich ehrlich, ob Sie so etwas wie eine ‹siegesbewusste Freude› empfinden, wenn Ihr Kind eine Eigenschaft zeigt, welche *Sie* (und eben nicht der Ex-Partner) haben.
- Vergessen Sie dabei nicht, dass Sie als Mutter oder Vater für das Kind immer nur die eine Hälfte seiner Eltern sind, und zeigen Sie Verständnis dafür, dass das Kind auch zum anderen Elternteil eine besonders starke Beziehung hat.

Aus einem solchen Gespräch kann dann das Kind seine Verpflichtungen (Loyalitäten) gegenüber den Eltern besser erkennen.

Aus unsichtbaren Loyalitäten können durch das offene Gespräch sichtbare gemacht werden, welche vom Kind leichter eingehalten oder klarer abgelehnt werden können.

Wenn Sie merken, dass Ihr Kind hin und her gerissen ist zwischen Solidarität zum Vater und Solidarität zur Mutter, dann setzen Sie sich einmal mit dem Ex-Partner in Verbindung, erklären Sie, was Sie vom Kind erwarten, und fragen Sie, ob der/die andere das respektieren kann. Am besten erreichen Sie das, indem Sie selbst für die Erwartungen der/des anderen Respekt zeigen.

VATER ODER MUTTER HEIRATEN WIEDER

Eine Zeitlang leben in der Teilfamilie

Nach Ihrer Scheidung begeben Sie sich mit oder ohne Kinder in den neuen Lebensabschnitt als Teilfamilie. Gefühle der Verletzung, der Wut und der Trauer werden gewiss von Zeit zu Zeit wieder aufflackern. Es wird Ihnen nicht immer gelingen, die Kinder aus Ihren verletzten Gefühlen herauszuhalten, obwohl Sie sicher spüren, dass es für die Kinder besser wäre.

Sagen Sie Ihrem Kind (immer wieder), dass die Scheidung nicht seine Schuld, sondern Angelegenheit von Ihnen als Eltern ist. Dann fühlt es sich entlastet und kann sich besser auf die neue Lebenssituation einstellen.

Alleinerziehende Eltern – dies ist eine in unserer Arbeit oftmals gemachte Beobachtung – stehen nach der Scheidung zwei häufig vorkommenden Schwierigkeiten gegenüber: Zum einen richtet sich ihre Aufmerksamkeit, wenn ihnen nicht gute Freunde und Bekannte zur Seite stehen, zu einseitig auf die Kinder. Zum andern übernehmen meist die ältesten Kinder Verpflichtungen des abwesenden Elternteils. Für Kinder kann dies unter Umständen bedeuten, eigene Bedürfnisse zurückstellen zu müssen. In ‹unserer› Familie Tausend steht Manu in Gefahr, den Platz des Vaters einzunehmen, indem die Mutter mit ihr über Sorgen spricht wie mit einem Partner. Die Folge für Manu kann, nebst den zurückgestellten altersgemässen Bedürfnissen, der mangelnde Kontakt zu Gleichaltrigen und eine mögliche Isolierung in der Schule sein.

Regeln Sie Ihre Elternaufgaben in Übereinstimmung mit dem andern Elternteil. Dann haben Sie eher Kräfte frei, Ihren persönlichen Bedürfnissen als Mann oder Frau mehr Aufmerksamkeit zu schenken.

Wenn Sie der Überzeugung sind, Ihre Ex-Frau sei eine Versagerin oder Ihr Ex-Mann sei auf allen Ebenen unfähig, so kann es sein, dass Sie Ihren Kindern ein negatives Bild von Vater und Mutter, von Mann und Frau überhaupt, vermitteln, selbst wenn Sie dies gar nicht beabsichtigen.
Es ist beeindruckend, von Thomas (11J.) zu hören: *‹... Ich finde es gemein, wie Vater und Mutter sich gegenseitig schlechtmachen. Ich fühle mich dabei ganz elend.›*
Wie können Mädchen und Buben die Erfahrung machen, dass ‹Frau-Sein› und ‹Mann-Sein› etwas sehr Wichtiges und Wertvolles ist? Sie können das lernen, wenn sie von Vater und Mutter hören, dass der andere Elternteil von Ihnen als Vater und Mutter geachtet wird, dass Vater und Mutter einander möglichst respektvoll begegnen.
Je mehr Sie als alleinerziehender Elternteil Ihrem heranwachsenden Kind zunehmend Eigenverantwortung übertragen und seinen Freiraum erweitern, desto besser kann schliesslich Ihr Kind später seinen eigenen Weg finden. Es wird dann nicht sein

Leben lang in der Abhängigkeit von einem Elternteil bleiben und muss sich auch nicht mit viel Lärm von ihm losreissen, mit dem Gedanken, dass alle Frauen oder alle Männer schlecht seien.

Sie erleichtern Ihrem Kind die Identität mit dem gleichgeschlechtlichen Elternteil, wenn Sie den andern Elternteil als Vater oder als Mutter einigermassen respektieren und gelten lassen.

Meine Mutter hat einen Freund
Mein Vater hat eine Freundin

Wie wichtig es ist, dass geschiedene Frauen und Männer einander ihre Erfahrungen, Hoffnungen, Wünsche, Befürchtungen mitteilen, machen Selbsthilfegruppen, Scheidungstagungen und Gespräche mit Betroffenen deutlich. Alleinlebenden Vätern und Müttern fällt es in der Regel leichter, sich bei andern Geschiedenen auszusprechen, weil sie dabei auf Verständnis für ihre besondere Situation stossen. Es ist gut, voneinander zu erfahren, wie Mütter und Väter es bewältigen, eine neue Freundschaft anzuknüpfen und trotzdem Zeit und Kraft für die Kinder aufzubringen. Haben Sie den Mut und versuchen Sie diesen Schritt!
Viele Mütter und Väter haben Angst, unmittelbar nach der Trennung und Scheidung neue Bekanntschaften zu schliessen, weil sie damit sich selbst und die Kinder zu überfordern glauben. Es ist tatsächlich für Eltern eine nicht einfache Aufgabe, bei der Aufnahme einer Beziehung dem Kind verständlich zu machen, was dieses für es bedeutet. Es erleichtert die Situation wesentlich, wenn Sie mit Ihrem Kind darüber offen und altersentsprechend reden können. Wenn Mutter und Kinder oder Vater und Kinder Vertrauen zueinander haben, wird es den Kindern leichter fallen, Ihrem neuen Freund oder Ihrer neuen Freundin erstmals zu begegnen.
Die Erfahrung von Elisabeth (35 J.) zeigt, dass das Aufnehmen von neuen Beziehungen kein leichtes Unterfangen ist.
‹Ich habe lange Zeit nur für meine Kinder gelebt. Auf neue Bekanntschaften wollte ich mich nicht einlassen. Ich hatte genug mit meinen Kindern und mit mir selbst zu tun. Tief drinnen verspürte ich aber den Wunsch, wieder einen Mann für mich zu haben. Aber wer kann mich schon mögen mit drei Kindern?
Dann lernte ich Urs kennen.
Ich habe ihn lange Zeit vor ihnen versteckt. Es war für mich schwierig, ihn den Kindern bekannt zu machen. Ich habe am Anfang meist bei ihm zuhause geschlafen. Ich denke darüber nach, was ich da meinen Kindern an Vorbild vermittle. Wie sollen da meine Kinder zu ihren Gefühlen stehen, wenn ich es nicht tue?
Die Beziehung zu Urs möchte ich nicht aufgeben, möchte aber zu dem, was ich tue, stehen und meinen Kindern die Gelegenheit geben, sich damit auseinanderzusetzen …›

In der Praxis begegnen uns Mütter, aber auch Väter, die oft nach der Trennung nicht so recht wissen, wie sie mit neuen Beziehungen, wie sie mit ihrer Sexualität umzugehen haben. Es kommt nicht selten vor, dass Eltern sexuelle Begegnungen zu neuen Partnern vermeiden, aus Sorge, die Kinder zu verwirren. Verunsicherung bei den Kindern kann dann aufkommen, wenn Sie sich allzusehr ängstigen oder den Kindern zu viel Verwöhnung entgegenbringen. Für Kinder ist es gut, von ihren Eltern das Gefühl zu bekommen, dass sexuelle Bedürfnisse natürlich sind. Wenn jedoch Mutter oder Vater ständig ihre Partner wechseln, so kann dies für Kinder in allen Altersstufen zu einem Problem werden.
In unserer Umfrage hat die 15jährige Therese gesagt:
‹Ich mag es nicht, wenn mir mein Vater immer wieder seine neuen Freundinnen vorstellt.›
Kinder reagieren auf die neue Partner Beziehung ihrer Eltern verschieden. Je zufriedener sich die Eltern in ihren neuen Beziehungen fühlen und eine natürliche Einstellung zur Sexualität haben, desto besser kommen die Kinder damit zurecht.

Richten Sie Ihr Leben, Ihre Aufmerksamkeit als alleinerziehender Elternteil nicht ausschliesslich auf die Kinder. Das ist weder gut noch notwendig. Wollen Sie jedoch einen neuen Partner, eine neue Partnerin in die Teilfamilie einbeziehen, so brauchen Ihre Kinder wieder vorübergehend vermehrt Aufmerksamkeit.

Zur elterlichen Sexualität machen sich unserer Erfahrung nach Kinder viel weniger Gedanken, als wir Erwachsenen denken. Kinder stellen Fragen in einer ganz anderen Richtung:

- Nimmt mir der neue Mann nun auch die Mutter weg?
- Hat mich jetzt mein Vater wegen der neuen Frau weniger lieb?
- Hat mein Vater/meine Mutter trotzdem noch Zeit für mich?
- Wird mir der neue Mann/die neue Frau die Beziehung zum ausserhalb lebenden Elternteil streitig machen?
- Kann ich den ‹Neuen›/die ‹Neue› überhaupt gern bekommen?

Das sind Fragen, die Kinder sehr beschäftigen und auf die sie eine offene Antwort erwarten.

Wenn Vater oder Mutter mit einem neuen Partner zusammenleben oder wieder heiraten

Die Entscheidung zu treffen, ob Sie mit einem neuen Partner zusammenleben beziehungsweise ihn heiraten wollen, ist wahrhaft keine leichte Sache. Sind Kinder vorhanden, so ist eine neue Ehe nebst allen Freuden mit viel zusätzlichen Hindernissen verbunden. Das Wissen darum könnte eine Hilfe sein, mit Schwierigkeiten anders umzugehen.

Mit einer Wiederheirat wird ein Lebensabschnitt aus Ihrer Vergangenheit abgeschlossen, und dies kann Erleichterung, aber auch ein Aufleben alter Gefühle und damit Verstimmung hervorrufen.
Beide Elternteile können mit einer Wiederheirat eines Ex-Partners aus dem Gleichgewicht geraten. Mühsam erarbeitete Besuchsregelungen funktionieren plötzlich nicht mehr. Vielleicht müssen Sie als sorgeberechtigter Elternteil befürchten, dass der alte Kampf um das Sorgerecht, um Besuchsprobleme und Alimentenzahlungen wieder aufzubrechen droht. Kommen Sie einem Streit zuvor und klären Sie vorher mit Ihrem Ex-Partner, ob die bisherige Regelung aufrechterhalten bleiben kann oder ob neue Abmachungen in bezug auf Besuche usw. getroffen werden müssen.

Rückfälle in alte Verhaltensweisen kommen immer wieder vor. Sie sind in der Regel von kurzer Dauer. Richten Sie deshalb Ihre Aufmerksamkeit in dieser Zeit noch mehr auf die ‹sachliche/geschäftliche› Seite der Beziehung zu Ihrem ehemaligen Partner.

Mit einer Wiederheirat verbinden Sie Hoffnungen auf eine bessere Zukunft, auf ein glücklicheres Zusammenleben und darauf, endlich wieder eine ganz gewöhnliche Familie zu sein. Eine Wiederheirat betrifft nicht nur Sie und Ihren/Ihre Partner/in, sondern auch Ihre Kinder. Betroffen sind auch Ihr Ex-Partner beziehungsweise der andere Elternteil, die Stiefkinder und Ihr Partner als Stiefelternteil.
Wer kennt nicht das Vorurteil von der ‹bösen› Stiefmutter, vom ‹übelgesinnten› Stiefvater und von den ‹armen› Stiefkindern. Stiefmütter beziehungsweise Stiefväter werden unbeabsichtigt in die Rolle des Sündenbocks gedrängt. Auch Märchen können dazu beitragen, Vorurteile zu zementieren. Märchen sind auch Ausdruck für die – meist verkannte – schwierige Situation einer anders zusammengesetzten Familie, eben einer *Stieffamilie.*
In kurzer Zeit müssen Sie und Ihr Partner sich als Ehepaar, im Bereich der Miterziehung der Kinder, in bezug auf die Aufgabenverteilung zuhause usw. irgendwie zurechtfinden. Kinder, die Ihren neuen Partner kaum kennen, müssen versorgt und miterzogen werden. Der Stiefelternteil, welcher Ihren Kindern noch wenig vertraut ist, muss von ihnen respektiert und möglichst schnell – so meint man – auch ‹geliebt› werden. Der zwölfjährige Rolf bringt dies recht ernüchternd zum Ausdruck:
‹... Die neue (Stief-)Mutter kann von mir doch nicht verlangen, dass ich eins, zwei, drei, fertig los sie einfach lieben kann ...›
Mit dem Anspruch, ‹sich sehr schnell lieben zu müssen›, sind Sie alle überfordert. Das ist nicht möglich! Lassen Sie sich weder von Ihrer Umgebung noch von Ihrer neuen Familie unter Druck setzen, wie eine normal gewachsene Familie aufzutreten. Wenn Sie glauben, diesem Anspruch folgen zu müssen, werden Sie daran zerbrechen.

Als Stiefmutter oder Stiefvater weiss man am Anfang einer neuen Familiengründung nicht recht, welche Aufgaben einem zustehen. Deshalb meint man dann, an die Stelle des weggegangenen Elternteils treten und es ‹besser› machen zu müssen als die Vorgängerin oder der Vorgänger (das heisst als die leibliche Mutter oder der leibliche Vater).
Eine Stieffamilie unterscheidet sich in einigen ganz wesentlichen Aspekten von einer Familie, bei der Vater und Mutter *nicht* geschieden sind. Nehmen wir ‹unsere› Stieffamilie Gut-Tausend als Beispiel. Sowohl der Vater der Kinder Tausend als auch die Mutter von Bastian Gut leben nicht mehr in der Familie, sondern ausserhalb. Unsere Erfahrung zeigt, dass Kinder der Stiefmutter oder dem Stiefvater dankbar sind, wenn diese Tatsache respektiert wird. Der Stiefelternteil hat in Ihrer neuen Familie in bezug auf Ihre Kinder keinen klar vorgegebenen Platz. Er muss sich diesen Platz erst mit viel Einfühlung suchen. Dies kann sehr schwierig sein für ihn, wenn Ihre Kinder trotzen, ihn oder sie herausfordern, kritisieren ... und dann ohne Gruss und Dank wieder weggehen. Das bekommen Stiefeltern, aber auch Partner von nichtsorgeberechtigten Elternteilen an Besuchstagen immer wieder schmerzlich zu spüren.
Gegenüber den leiblichen Kindern haben ein Vater oder eine Mutter elterliche Rechte. Der Stiefelternteil hingegen hat keine elterlichen Rechte gegenüber seinen Stiefkindern. Auch dies erschwert Ihrem neuen Partner zusätzlich die Möglichkeit, seinen Platz in Ihrer Stieffamilie zu finden.

Anerkennen Sie als ersten Schritt die Tatsache, dass eine Stieffamilie *anders* funktioniert als eine gewachsene ‹Normal›-Familie. Dann erst kann sich ein Familienleben überhaupt entwickeln.

Wenn Sie diesen Schritt geschafft haben, so werden Sie sich auch weniger am Ausdruck ‹Stief›-Familie stören. Das bedeutet nicht, dass Sie sich bei jeder Gelegenheit als Stieffamilie deklarieren müssen. Ein Stiefelternteil kann nie einen leiblichen Elternteil ersetzen. Auch wenn ein Stiefelternteil mit seinen Stiefkindern noch wenig Gemeinsames erlebt hat, so steht ihnen jedenfalls eine interessante Entdeckungsreise, eine gemeinsame Erfahrungsgeschichte noch bevor.
Sie müssen sich – wie jede Stieffamilie – und wie Familie Tausend beim Einzug von Hugo Gut und seinem Kind Bastian, oder wie damals, als Herr Tausend seine Familie verliess, umstellen und vieles neu regeln und organisieren. Manchmal müssen die Zimmer oder die Sitzordnung am Esstisch umverteilt werden. Wer sitzt bei wem, bei wem nicht? Wer entscheidet? Hausarbeiten müssen neu geregelt werden; wer macht was mit wem? wer übernimmt Verantwortung? usw.
Die Kinder Tausend sind nicht unglücklich, dass wieder ein Mann in ihrem Hause ist, sie verlieren

aber gleichzeitig etwas von ihrer Selbständigkeit. Manu mag froh sein, die Mutter weniger trösten zu müssen, muss aber in Kauf nehmen, der Mutter nicht mehr so nahe stehen zu können.

Überlegen Sie, was bei Ihnen für Veränderungen eintreten werden und welche Neu-Regelungen zu treffen sind!

Vor einer neuen Familiengründung tun Sie als leiblicher Elternteil gut daran, wenn Sie zusammen mit dem Stiefelternteil und den Kindern möglichst viele Gespräche führen. Herr und Frau Gut haben dies ungefähr so versucht:

Herr Gut: *‹Es ist nicht einfach, sich vorzustellen, dass wir alle unter dem gleichen Dach leben sollen. Ich bin euer Stiefvater. Euren Vater möchte ich nicht ersetzen. Ich sehe ja auch, wie gern ihr euren Papi mögt, und daran soll sich auch in Zukunft nichts ändern. Wir müssen einander helfen, dass wir uns finden und zusammen auskommen...›*

Frau Gut: *‹Das gleiche hat auch für mich gegenüber Bastian Gültigkeit. Ich bin nicht deine Mutter, du hast eine Mutter, auch wenn sie nicht bei uns wohnt. Inzwischen habe ich sie kennengelernt. Sie hat mir viel über dich erzählt. Auch ich werde viel Zeit brauchen, um dich besser kennenzulernen. Kannst du dir vorstellen, dass ich mit dir Schulaufgaben machen, dich ins Bett bringen und dich am Morgen aufwecken werde? Ich kann von dir, Bastian, nicht erwarten, dass du mich gleich in dein Herz schliesst.*
Vorläufig bin ich für Klein-Heidi, Alfred und Manu zuständig. Wichtige Entscheide in bezug auf euch werde ich mit eurem Vater absprechen. Die Hauptverantwortung für Bastian ist Sache von Hugo.
Von meinen Kindern erwarte ich, dass ihr Hugo respektiert.›

Nehmen Sie sich als Stiefelternteil Zeit, Ihre Beziehung zu Ihren Stiefkindern langsam aufzubauen und nichts zu überstürzen.

Ihre Kinder können in der Regel eine Wiederheirat von Vater oder Mutter sehr viel besser annehmen, wenn sie spüren, dass sich die Verwandtschaft, die näheren Freunde, aber auch die Nachbarschaft darüber freuen und dies auch offen zum Ausdruck bringen.
Damit Sie Ihre Situation besser überblicken können, möchten wir Ihnen die unterschiedlichen vier Stieffamilienformen kurz vorstellen, welche vom Forscherteam Krähenbühl (1) für die Praxis entwickelt wurden:

Die Stiefmutter-Familie

Diese Familienform setzt sich aus einem Vater und seinen Kindern und der dazu kommenden Stiefmutter zusammen.

Das Kind lebt in der neuen Familie mit dem leiblichen Vater, bleibt aber auch mit seiner ausserhalb lebenden Mutter verbunden. Durch die Beziehung Mutter/Kind hat die Mutter Einfluss auf die neue Familie. Wenn sie ihn ohne Absprache mit dem sorgeberechtigten Vater geltend machen will, kommt es in der Regel zu Spannungen.
Dem Vater steht in der Stiefmutterfamilie eine Hauptrolle zu. Es wird viel von ihm abhängen, ob es möglich sein wird – trotz Scheidung – die Mutter an der Erziehungsverantwortung mitzubeteiligen. Meist ist es aber so, dass die Stiefmutter den Platz der leiblichen Mutter übernimmt oder dass er ihr übergeben wird, vor allem dann, wenn noch kleine Kinder da sind. Diesen Platz kann eine Stiefmutter nicht ausfüllen, weil sie nun eben nicht die leibliche Mutter ist. Sie muss eine eigene Beziehung zu den Stiefkindern aufbauen, und dazu braucht sie viel Zeit, Geduld und die Unterstützung des Vaters beziehungsweise des neuen Partners.

Die Stiefvater-Familie

Sie besteht aus einer Frau mit ihren leiblichen Kindern, welche einen Mann ohne Kinder heiratet. Der leibliche Vater dieser Kinder wohnt nicht in dieser neuen Familie. Dies ist die am häufigsten vorkommende Stieffamilienform, und zwar deshalb, weil die meisten Kinder nach der Scheidung ihrer Eltern bei Müttern leben. Auch hier ist das Kind Bindeglied zwischen Mutter und ausserhalb lebendem Vater. Es steht in der gleichen Position wie das Kind in der Stiefmutterfamilie.
Stiefväter lassen sich ebenso leicht in die Rolle drängen, den leiblichen Vater ersetzen zu sollen. Häufig gelingt es ihnen gar nicht, in das enge Beziehungsgefüge Mutter/Kind hineinzukommen, so dass sie in der neuen Familie am Rande stehen.

Die zusammengesetzte Stieffamilie

Sowohl der Mann als auch die Frau bringen eigene Kinder aus ihrer ersten Ehe mit in diese neue Familie. Dafür steht ‹unser› Beispiel der Familie Gut-Tausend.
Für beide Familien bestehen fast ähnliche Anfangsbedingungen. Beide Erwachsene haben Erfahrungen mit der Elternrolle. Erschwerend kommt dazu, wenn beide unterschiedliche Erziehungsauffassungen haben.
Diese Familienform könnte verglichen werden mit *zwei* kleinen Schulklassen, welche mit den beiden Lehrern zu *einer* Klasse zusammengeschlossen werden. Das Zusammenfinden beider Teilfamilien erfordert einerseits Konfliktfähigkeit und andererseits Phantasie. Die Kinder haben sich nicht nur mit zwei ausserhalb lebenden Elternteilen, sondern auch mit dem Stiefvater und der Stiefmutter, den Stiefgeschwistern und den neuen Verwandten auseinanderzusetzen.

Die Stieffamilie mit gemeinsamen Kindern

Die ‹gemeinsamen› Kinder machen hier den Unterschied aus. Es können also sowohl Stiefmutterfamilien/Stiefvaterfamilien wie auch zusammengesetzte Stieffamilien sein, wo (ein) gemeinsame(s) Kind(er) dazukommen. Desgleichen haben beide Teilfamilien ausserhalb lebende Elternteile, die auf alle möglichen Weisen Einfluss haben auf das neu zusammengesetzte Familiengefüge. Kommt nun ein gemeinsames Kind dazu, so kann dies mithelfen, der neuen Familie ein Gefühl des Zusammenhaltes zu vermitteln. Durch die grosse Aufmerksamkeit, die Eltern einem gemeinsamen Kind schenken, können sich Stiefkinder ausgeschlossen fühlen und als Folge davon das ‹gemeinsame› Kind beispielsweise plagen. Werden diese Kinder nun vom Stiefvater immer wieder zurechtgewiesen, so kann die Mutter sich mit ihnen offen oder versteckt verbünden, was wiederum den Stiefvater herausfordern kann, noch strenger zu sein oder seiner Frau Vorwürfe zu machen.

Problembereiche von Stieffamilien und wie sie sich zu helfen suchen

Das Zusammenfinden einer Stieffamilie kann in den ersten drei bis vier Jahren und noch länger mit Umstellungen und Belastungen verbunden sein. Sehen wir uns diese Schwierigkeit etwas näher an: Wenn Partner zum ersten Mal heiraten, so nehmen sie sich zuerst mehr oder weniger Zeit, um sich richtig kennenzulernen; erst dann entscheiden sie sich in der Regel für ein gemeinsames Kind.
Eine Ehe-Vorbereitung für Paare, die schon einmal verheiratet waren und dies zum zweiten Mal tun, wäre eigentlich noch wichtiger, ist aber nur unter erschwerten Bedingungen möglich. Es steht ihnen wenig Zeit zur Verfügung, sich als Paar kennenzulernen. Sehr schnell sehen sie sich als Stiefelternteil nicht vertrauten oder verängstigten, meist aber selbständigen Kindern gegenübergestellt. Leibliche Eltern mischen sich ‹ungehörig› ein, und Stiefkinder verhalten sich widerspenstig – so wird es nicht selten von Stiefmüttern und Stiefvätern empfunden. Hinzu kommt vielleicht ihre eigene schmerzliche Erfahrung einer Scheidung, die nicht vergessen ist. Bereits bei der Neugründung einer Stieffamilie kann ein verhängnisvoller Teufelskreis entstehen. Je unerledigter die Scheidung, je konfliktvoller das Ablösen von der alten Familie erfolgte, desto schwieriger erweist sich das Leben als Alleinerziehender in einer Teilfamilie. Eine unerledigte Vergangenheit wirft wiederum ihre Schatten auf die Neubildung einer Stieffamilie.

Wenn Sie Ihre Vergangenheit noch nicht genug hinter sich gelassen haben;
wenn Sie Ihren Schmerz noch nicht genug hinausgeweint haben;
wenn Ihre Wut noch nicht verraucht ist;
wenn Sie noch nicht gemerkt haben, wo Sie Fehler machten;

dann macht sich diese ‹Vergangenheit› in Ihrem gegenwärtigen Leben auf vielfältige Art und Weise bemerkbar, und zwar so lange, bis Sie sich mit Ihrer Geschichte, mit sich selbst, versöhnt haben. Diese Versöhnung ist mit Sicherheit ein erfolgreicher, aber kein leichter Weg, Ihre innere Ruhe wieder zu finden.

Die Frage, ‹wer gehört denn eigentlich zur neuen Familie›, kann bei Ihren Kindern Verwirrung auslösen. Frau Tausend beispielsweise ordnet ihren neuen Partner mit seinem Kind Bastian und sich mit ihren leiblichen Kindern der neuen Familie zu. Für Klein-Heidi – dies ist häufig bei jüngeren Kindern anzutreffen – gehören alle (Mutter, getrennt lebender Vater, Geschwister, Stiefvater Hugo mit Bastian) zur Familie. Bastian zählt auch seine Mutter dazu. Alfred wird vielleicht anfänglich nur seine leiblichen Eltern und Geschwister zu seiner Familie rechnen, nicht aber den Stiefvater Hugo. Wenn Ihre Kinder offen ihre verschiedenen Ansichten darüber, wer zur Familie gehöre, und auch die Zuneigung zum ausserhalb lebenden Elternteil zeigen können, so ist dies Folge einer mutigen und toleranten Haltung einer Stiefmutter beziehungsweise eines Stiefvaters und der leiblichen Eltern. Können Sie sich vorstellen, wie es Alfred zumute wäre, wenn Mutter, Stiefvater, Vater und Stiefmutter etwas anderes von ihm erwarteten, besonders dann, wenn sich niemand darüber offen aussprechen würde? Verwirrung, Orientierungslosigkeit wären die Folge für Alfred. Das Nicht-so-recht-Wissen der Kinder, wer denn eigentlich alles zur Familie gehört, wer für sie zuständig ist, kann wiederum die Tendenz verstärken, eine ‹normale› Familie schaffen zu wollen. Das geschieht meist so, indem man zum Beispiel die vergangene Scheidung ausradieren möchte oder sich als gewöhnliche Familie auszugeben gedrängt sieht oder übermenschliche Anstrengungen unternimmt, um eine ‹Supermutter› und ein ‹Supervater› zu sein. Kinder spüren sehr gut, dass dieses Verhalten nicht stimmt. Ihnen ist viel geholfen, wenn mit etwas Humor anerkannt wird, dass am Anfang noch vieles schieflaufen wird, bis man sich als neue Familie gefunden hat, und wenn der leibliche Elternteil die Hauptverantwortung der Erziehungsarbeit übernimmt.

In unserer Arbeit machen wir häufig die Erfahrung, dass beispielsweise die Mutter vom Stiefvater verlangt, er müsse mit den Kindern streng sein. Je strenger sich der Stiefvater durchzusetzen versucht, desto ablehnender reagieren die Stiefkinder und wenden sich jeweils hilfesuchend an die Mutter. In der Regel nehmen Mütter Partei für ihre Kinder, was zur Folge hat, dass sich der Stiefvater nicht unterstützt fühlt und versucht, noch mehr durchzugreifen.

Um Ruhe in die neue Familie zu bringen, wird nicht selten auch der ausserhalb lebende Elternteil, der sich manchmal auf ungute Weise in der neuen Familie bemerkbar zeigt, an den Rand gedrängt oder gar vergessen ‹gemacht›. Und je mehr er ausgeschlossen wird, desto mehr wird er die neue Familie stören, oder anders gesagt, je besser er seine Beziehung zu den Kindern gestalten kann, desto weniger muss er sich ‹ungehörig› einmischen.

Trotz Scheidung und neuer Familie bleiben aber leibliche Väter und leibliche Mütter die Eltern ihrer Kinder.

Hier stellt sich für Sie in Ihrer neuen Stieffamilie die Frage: Welchen Platz wollen Sie dem ausserhalb lebenden Elternteil gegenüber seinem Kind einräumen?
Ausgestossene Elternteile werden durch die betroffenen Kinder auf vielfältige Weise, beispielsweise mittels Verhaltensschwierigkeiten, psychosomatischen Symptomen usw. wieder in die neue Familie hineingebracht. Ein Kind wird in einer solchen Situation – nach unserer Erfahrung – so lange Schwierigkeiten machen, bis der Kontakt zum anderen Elternteil wieder stattfindet und bis der andere Elternteil von allen Personen in der neuen Familie akzeptiert wird. Nicht selten begegnen wir Kindern, die in solchen Situationen lustloses oder aggressives Verhalten aufweisen. Wenn es Ihnen und Ihrem Ex-Partner nicht gelingt, Ihrem Kind einen freien Kontakt zum andern Elternteil zu ermöglichen, ist fachliche Hilfe angezeigt.
Dem Stiefelternteil wird das Einleben in der neuen Familie auch dann erschwert, wenn Kinder sich mit Vater oder Mutter verbündet haben. Es sind vor allem ältere Kinder, die sich in der Teilfamilie – oft schon vorher – geradezu als Helfer des alleinerziehenden Elternteils anbieten. Kleine Kinder werden eher als emotionale Stütze gebraucht. Auch Grosseltern oder Verwandte sind geneigt, sich als eine Art ‹Ersatz›-Eltern auszugeben. Sie erschweren dadurch ganz erheblich dem Stiefelternteil, sich in der neuen Familie zurechtzufinden. Wenn der Stiefelternteil hinzukommt, so wird den Kindern diese an sich problematische Stellung streitig gemacht. Damit der Stiefelternteil nicht noch mehr ins Abseits gerät, ist es notwendig, dass Sie als leiblicher Elternteil Ihr Kind zu einem kindgerechteren Verhalten veranlassen. Das kann beispielsweise so geschehen, dass Sie Ihrem Kind deutlich zu verstehen geben, dass Sie als verantwortliche Mutter und Erzieherin, aber auch als Ehefrau ohne Hilfe und Unterstützung Ihres Kindes zurechtkommen.
Vielleicht erwarten Sie als Mutter von Ihrem neuen Partner eine starke Hand. Das ist ein trügerischer Auftrag, der nicht gut enden kann. Sich bei Stiefkindern gut behaupten und durchsetzen zu können, bedingt längere Zeit vertrauten Umgangs mit ihnen. Versucht sich ein Stiefelternteil zu autoritär einzumischen, sind Kinder geneigt zu sagen: ‹Du hast mir nichts zu befehlen!› und sich mit dem leiblichen Elternteil gegen ihn zu verbünden. Vielleicht aber versucht Ihr Partner auf zu freundschaftliche Weise, bei den Kindern besser anzukommen, und hält sich aus erzieherischen Forderungen möglichst heraus.

Er verhält sich dann wie ein weiteres ‹Kind›. Beide Vorgehensweisen, zu autoritär oder zu freundschaftlich, sind aber mehr Belastung denn Hilfe.
In dieser oder einer ähnlichen Situation reagieren viele neue Ehepaare mit Schweigen, stellen Vermutungen an, wagen nicht, offen zu fragen, meinen, ‹wenn es Zeit ist, wird es mir der andere schon mitteilen›. Jeder denkt, ‹der andere denke, er könnte denken›. Wir wissen, es ist nicht leicht, in einer solchen Situation klärende Fragen zu stellen. Aus falscher Rücksicht wird mit einem offenen Gespräch zugewartet. Zum Beispiel gibt es Mütter, die sich Sorgen machen, weil der neue Partner der jugendlichen Tochter zu viel Aufmerksamkeit entgegenbringt. Hier ist die einzig richtige Lösung, die eigene Vermutung auszusprechen und zu klären, was vor sich geht.
Es sind vielfältige Gründe, weshalb eine Stieffamilie meint, sich als ‹normalgewachsene›, als ‹bessere› Familie ausgeben zu müssen. Die Erfahrung einer wiederverheirateten Mutter spricht für sich:
‹Für mich hat die Stieffamiliensituation nicht existiert. Ich habe uns als ‹Normalfamilie› gesehen. Endlich wieder eine ‹normale› Familie für mich zu haben, war mein grosser Wunsch. Die Scheidung von meinem Ex-Partner hat mich am Lebensnerv getroffen. Seine Aussenbeziehung mit einer andern Frau habe ich ihm nicht verzeihen können. So intensiv ich ihn geliebt habe, so intensiv habe ich ihn nachher gehasst. Ich habe meinem Sohn seinen leiblichen Vater als nicht mehr existent erklärt. Meinen neuen Partner sprach mein Kind mit ‹Papi› an. Auch den Nachnamen hatten wir ändern lassen. Ich wollte damit einen Schlussstrich unter meine Vergangenheit ziehen.
Zunächst war es für mich eine Beruhigung. Es dauerte aber nicht lange, so machte es sich als unerledigtes Problem bemerkbar... Mein Sohn wollte nichts mehr in der Schule und zuhause leisten, zog sich immer mehr von seinen Kameraden und später auch von unserer Familie zurück...
Es hat lange gedauert, bis ich anerkennen konnte, dass diese Schwierigkeiten einen Zusammenhang mit dem Ausschluss seines leiblichen Vaters haben könnten.
Betroffen hat mich gemacht, dass mein neuer Partner damals, mir zuliebe, die Beziehung auch zu seinen leiblichen Kindern abgebrochen, jedoch sehr darunter gelitten hatte. Eine Entlastung war für mich, die Erfahrung machen zu können, dass durch dieses Erlebnis mit meinem Sohn mein Partner die Beziehung zu seinen leiblichen Kindern wieder aufnahm.›

Wie soll Ihr Kind den Stiefelternteil nennen?

‹Mutter› und ‹Vater› sind sehr gefühlsbeladene Ausdrücke. Wenige leibliche Eltern sind bereit, diese persönliche Namengebung an einen Stiefelternteil abzutreten. Aber auch Stiefväter und Stiefmütter, besonders diejenigen, die eigene Kinder haben, ziehen den Vornamen oder einen Phantasienamen vor. Am besten ist es, wenn sich die leiblichen Eltern zusammen mit dem Stiefelternteil einigen können, welchen Namen das Kind brauchen soll. Ältere Kinder haben sich in unserer Umfrage fast durchwegs für den Vornamen oder für einen Phantasienamen ausgesprochen wie zum Beispiel: ‹Vetsch›, ‹Mams›, ‹Paps›. Bei kleinen Kindern ist die Namengebung weit schwieriger, und je nach Situation kann die Bezeichnung ‹Mutter› oder ‹Vater› angezeigt sein. Wesentlich ist, aus welchem Beweggrund und *wie* das getan und erklärt wird.

Wir möchten den Stiefelternteil ermuntern, den seiner Person gemässen Namen gemeinsam mit der Familie zu suchen.

Vielleicht überlegen Sie sich, ob Ihr Kind den Nach-Namen der neuen Familie tragen soll. Dabei ist es von Bedeutung, was Sie mit dieser Namensänderung bezwecken wollen. Beabsichtigen Sie damit, den anderen Elternteil vergessen zu machen, so erweisen Sie Ihrem Kind einen schlechten Dienst. Auf der andern Seite hat Ihr Kind ein Anrecht darauf, sich mit seinem Nachnamen wohl zu fühlen. Kindern kann es wirklich Mühe machen – vor allem wenn *Sie* sich daran stossen – wenn sie in der Schule, in ihrer Umgebung Erklärungen abgeben müssen, weshalb sie anders heissen als ihre Mutter. Vergessen Sie jedoch nicht, dass es immer mehr Stieffamilien geben wird, deren Mitglieder verschiedene Nachnamen tragen.

Mit einer Namensänderung oder gar mit einer Adoption können Sie die Vergangenheit nicht vergessen machen. Sie bewirken damit gerade das Gegenteil.

Schritte, die Sie tun können, um es als Stief-Familie anders zu machen

Der Anspruch eines Stiefvaters oder einer Stiefmutter, es besser zu machen als der leibliche Vater beziehungsweise die leibliche Mutter, ist zum Scheitern verurteilt, ja, er wird geradezu zum Problem.
Sie und Ihr/e Partner/in werden von Anfang an mit praktischen und organisatorischen Fragen und Aufgaben in Beschlag genommen. Für Ihre Partnerschaft ist kaum mehr Zeit. Es besteht die grosse Gefahr, dass Sie sich in einer Stieffamilie als Paar vergessen und Ihr Augenmerk zu sehr auf die Bedürfnisse Ihrer Kinder oder andere Aufgaben im Zusammenhang der Familiengründung richten.

Nehmen Sie sich Zeit für sich als Paar! Schaffen Sie sich den Freiraum, um beispielsweise einander von der eigenen Geschichte, vom inneren Leben zu erzählen oder etwas zusammen zu unternehmen, nur Sie und Ihr Partner, *ohne* Kinder.

Da es wichtiger ist, dass der Stiefelternteil zuerst guten Zugang findet zu Ihren Kindern, als dass er/sie gerade anfängt, die Kinder erziehen zu wollen, ist es für alle *viel* einfacher und problemloser, wenn Sie als Stiefelternteil in der ersten Zeit (bis zu etwa drei Jahren) u.a. Ihre Beziehung als Partner aufbauen.

Schaffen Sie in Ihrer neuen Familie eigene Spielregeln und eigene Beziehungsformen.

Die Erfahrung eines Stiefvaters mag dies verdeutlichen:
‹Für meine neue Familie habe ich mich am Anfang voll ausgegeben. Sonntags beispielsweise versuchte ich mit grösster Mühe, etwas Gemeinsames mit der Familie zu machen. Ich bin ein begeisterter Velofahrer. Die Kinder meiner Frau setzten sich jedesmal zur Wehr, wenn ich mit ihnen eine Velotour unternehmen wollte. Mit meinem leiblichen Kind, wenn es zu mir auf Besuch kommt, habe ich da keine Probleme. Das ständige Bemühen, alle zufriedenzustellen, hat unsere Nerven arg strapaziert.
Wir haben uns nun entschlossen, immer wieder auch getrennten Freizeitbeschäftigungen nachzugehen. Es kommt vor, dass meine Frau mit ihren Kindern unser Ausflugsziel mit den öffentlichen Verkehrsmitteln aufsucht und ich dasselbe mit dem Velo erreiche.›
Wenn eine Mutter oder ein Vater mit den leiblichen Kindern etwas *alleine* unternimmt, so kann dies Ausdruck einer Fähigkeit sein, gut mit Distanz und Nähe umzugehen, sich getrennt und zugleich bezogen erleben zu können. Lassen Sie sich nicht vom Gefühl verleiten, am Anfang in der neuen Familie alles gemeinsam unternehmen zu müssen. Machen Sie als Vater oder Mutter ruhig etwas alleine mit Ihren leiblichen Kindern! Das kann für alle sehr entlastend sein. Sie stehen ja schliesslich Ihren leiblichen Kindern auch näher als Ihr/e neue/r Partner/in. Nicht mehr den Anspruch haben, seine Stiefkinder gleich lieben zu müssen wie seine eigenen Kinder, dürfte das Zusammenleben in der neuen Familie mit weniger Stress möglich werden lassen.
Eine Stiefmutter ist etwas anderes als eine leibliche Mutter, und ein Stiefvater ist etwas anderes als ein leiblicher Vater. Auch wenn der Stiefelternteil mit der Zeit eine wichtige Aufgabe in der Erziehung und Entwicklung eines Kindes übernehmen wird, so ist und bleibt er Stiefvater oder sie Stiefmutter.

Stiefmütter, Stiefväter stehen unter dem Druck ‹bessere› Eltern sein zu müssen und wollen gleich anfangs gegenüber ihren Stiefkindern Erziehungsverantwortung übernehmen. Nach unserer Erfahrung kann dies in den wenigsten Fällen funktionieren. Es kommt zu Überreaktionen, meist bei den Stiefkindern (‹Von Dir lasse ich mir nichts sagen›), aber auch beim Stiefelternteil. *Dieser fährt am Anfang besser, wenn er sich in der Erziehung zurückhält und die Erziehungsverantwortung erst einmal dem leiblichen Elternteil überlässt,* das heisst:

Setzen *Sie* als *leiblicher Elternteil* Ihren Kindern die Grenzen; stellen *Sie* die Forderungen und treffen Sie die Entscheidungen.
Versuchen Sie als *Stiefelternteil,* sich während der ersten Jahre mit den Kindern Ihrer Frau oder Ihres Mannes anzufreunden und langsam eine vertraute Beziehung zu ihnen aufzubauen.

Das mag mühsam sein, aber es lohnt sich.
Sehr wichtig für das Leben in der Stieffamilie ist die innerhäusliche Aufgabenteilung zwischen sorgeberechtigtem Elternteil und Stiefelternteil. Auch damit werden Stiefväter und Stiefmütter entlastet. Durchwegs gute Erfahrungen machen wir, wenn der Stiefvater oder die Stiefmutter den sorgeberechtigten Elternteil in wichtigen erzieherischen Entscheidungen *unterstützt.* Beispielsweise, indem er zu seinem Stiefkind sagt: ‹Tu das, was Deine Mutter, Dein Vater gesagt hat.› Das hat zugleich eine positive Auswirkung auf die Paarbeziehung. Wenn sich eine Mutter in ihrer Erziehungsarbeit durch den Stiefvater unterstützt fühlt, werden auch wieder vermehrt Kräfte frei für den Partner/die Partnerin.
So berichtet eine Stiefmutter:
‹Erst als ich die Kinder der Verantwortung meines Partners überlassen und etwas für mich machen konnte, kamen wir zur Ruhe. Soll doch mein Partner Erziehungsfragen mit der Mutter seiner Kinder besprechen! Es ist für alle besser so. Seither komme ich mit meinem Mann viel besser aus.›

Stiefeltern und Stiefkinder haben keine gemeinsame Geschichte. Nehmen Sie sich Zeit, eine Geschichte, und damit Vertrauen, entstehen zu lassen, indem Sie für gemeinsame Erlebnisse sorgen.

Haben Sie Geduld, es kann *bis vier Jahre* oder noch länger dauern, bis Sie Ihren Platz als Stiefelternteil gefunden haben!

Unabänderlich – wie wir gesehen haben – ist ein Stiefelternteil nicht leiblicher Vater, nicht leibliche Mutter. Es existiert anderswo, ausserhalb der neugegründeten Familie, unabänderlich ein leiblicher Vater, eine leibliche Mutter. Dieser ausserhause lebende Elternteil nimmt bei seinen Kindern einen wichtigen Platz ein.
Kinder sind dem Stiefelternteil gegenüber dankbar, wenn er sich aus Auseinandersetzungen zwischen den leiblichen Eltern heraushält. Kinder fühlen sich ohnehin schon hin und her gerissen.
Je besser es dem Stiefelternteil gelingt, Verständnis für den ausserhalb lebenden Elternteil aufzubringen, desto mehr leistet er einen wichtigen Beitrag zur Entlastung des Kindes.

Versuchen Sie als Mutter/Vater/Stiefmutter/Stiefvater auf eine gute Weise, den nicht sorgeberechtigten Elternteil in Ihrer neuen Familie anwesend zu machen, zum Beispiel indem Sie dem Kinde aus früherer Zeit erzählen, Fotos zeigen usw.

Alle diese beschriebenen Belastungen gehören am Anfang zu einer Stieffamilie. Eine Stieffamilien-Neugründung ist trotzdem für alle Beteiligten auch ein Gewinn. Es sind vielleicht kleine Dinge, welche Ihnen helfen werden, Ihre neue Familie erfolgreich aufzubauen, wie folgendes Zitat von Susanne (10 J.) zeigt:

‹Mein Stiefvater hat viel Humor, das gefällt mir!›

Geschichte zum Vorlesen für Vorschulkinder:

ENTENGESCHICHTE

Es war einmal ein kleines Kind, das hatte unter seinen Spielsachen auch eine Ente aus Holz. Mit den aufgemalten Federn sah sie wie eine richtige Entenmutter aus, und wenn man sie an einer Schnur hinter sich herzog, machte sie ihren Schnabel auf und zu und sagte dabei: ‹quaak!›

Das Kind hatte seine Ente sehr lieb. Bei allen Spielen sollte sie dabeisein, und nachts bekam sie ein schönes weiches Nest in einem Holzkasten. Am Abend machte das Kind den Deckel des Kastens fest zu, damit seine liebe Ente gut schlafen konnte.

Eines Nachts träumte das Kind, dass aus dem Entenkasten ein lautes Geschnatter ertönte. Im Traum stand es auf und schaute nach, was der Lärm zu bedeuten hatte. Als es den Deckel des Entenkastens in die Höhe hob, sah es darin nicht nur seine vertraute Holzente, sondern eine ganze Entenfamilie, bei der ein grosser Streit ausgebrochen war. ‹Quaak, quaak, quaak!› schrie die Entenmutter und klappte ihren Holzschnabel heftig auf und zu, ‹quaak, quaak, du bist ein ganz böser Entenmann! Immer lässt du mich und die Kinder allein! Du fliegst fort und kommst lange nicht heim, und Futter lässt du uns auch nicht genügend da!› Dabei funkelte sie den Entenvater mit ihren glänzenden Perlenaugen wütend an. Der trampelte mit seinen breiten Füssen auf dem Boden herum, schlug wild mit den Flügeln und brüllte laut zurück: ‹Ich kann dich überhaupt nicht mehr leiden, du alte Nörgel-Ente! Immer hast du was zu schimpfen! Dir ist ja nichts recht, was ich mache! Ich will dich überhaupt nicht mehr sehen!›
Während seine Geschwister sich in einer Ecke

ängstlich aneinanderdrückten, trippelte ein kleines Entenkind um Mutter und Vater herum und quakte mit piepsiger Stimme: ‹Ich verstehe gar nicht, was los ist, ich habe Angst! Vertragt euch doch wieder! Ich kann das alles nicht aushalten!› Aber niemand

achtete auf das Kleine, es bekam sogar ein paar Flügelschläge ab, als es sich zwischen die Eltern schieben wollte. Der Krach wurde immer lauter, und schliesslich flog der hölzerne Entenvater unter grossem Gepolter davon, und die Entenmutter breitete die Flügel über ihren Kindern aus und tröstete sie. Das Kind hatte grosses Mitleid mit den kleinen Entenkindern, und von den Tränen, die aus seinen Augen liefen, wurde es wach. Es merkte, dass es in seinem Bett lag und dass es einen schlechten Traum gehabt hatte.
Am anderen Morgen lief es zu seinen Eltern und erzählte ihnen, was es geträumt hatte. ‹Haben die kleinen Entenkinder nun keinen Vater mehr?› fragte es. ‹Doch›, antworteten seine Eltern, ‹die kleinen Enten werden ihren Vater behalten. Er wohnt zwar nicht mehr im gleichen Entenkasten, sondern ist in ein anderes Nest gezogen. Aber die kleinen Entenkinder sehen ihn oft. Sie können ihn auch besuchen und manchmal bei ihm wohnen. Und stell dir vor, wie froh sie sein werden, dass der Krach und der Streit vorbei sind!›
Da war das Kind ein wenig getröstet. Es gab Vater und Mutter einen Kuss und lief zu seinen Spielsachen, um sich auszumalen, wie die Entenkinder von nun an in *zwei* Nestern daheim waren und wie sie es in diesen zwei Entennestern besonders schön haben konnten.
Das Kind fing an, sich eine Menge lustiger und spannender Geschichten von der Entenfamilie auszudenken, und es erzählte sie alle seiner lieben Holzente.

BRIEFE EINES RICHTERS AN ELTERN IN SCHEIDUNG

Vorbemerkung

Die folgenden Briefe sind als Versuch gedacht, Eltern, die mit der Scheidungsfrage konfrontiert sind, ein wenig auf das Gerichtsverfahren und die dort geltenden Regeln vorzubereiten. Gemessen an der Tatsache, dass das Prozessrecht in der Schweiz von den Kantonen – und nicht vom Bund – erlassen wird, konnte dies nur in vereinfachender und typisierender Weise geschehen. Den Briefen liegt als prozessuales Muster die verfahrensrechtliche Situation im Kanton Basel-Land zugrunde. Obschon verschiedene Kantone weder eine friedensrichterliche Sühneverhandlung noch eine Prozesseinleitungsverhandlung vor erster Instanz kennen, und obschon auch das Beweisverfahren sehr uneinheitlich geregelt ist, sind die in den Briefen angesprochenen Sachfragen nach Auffassung des Autors in der ganzen Schweiz von vergleichbarer Bedeutung. Selbstverständlich ist der Katalog der behandelten Fragen nicht vollständig und die Optik des Autors subjektiv. Beides stand offenbar dem Anliegen der Herausgeber nicht im Wege!

5. November

Sehr geehrte Frau Tausend
Sehr geehrter Herr Tausend

Vor mir liegt ein neuer *Protokollbogen,* der nichts als Ihre beiden Namen enthält, und ein *Formular des Friedensrichteramtes,* welches mir bestätigt, dass sich der Friedensrichter erfolglos darum bemüht hat, Sie von Ihrer Absicht loszubringen, Ihre Ehe aufzulösen. Von nun an sind Sie für mich – so will es das Gesetz – ein ‹Fall›, der so lange ‹hängig› ist, bis er ‹erledigt› ist. Sie selber schlüpfen – ungefragt – in die Rolle der sogenannten ‹Parteien›, des ‹Klägers› beziehungsweise der ‹Klägerin›, und des beziehungsweise der ‹Beklagten›. Wenn wir einander begegnen, so werden wir nicht zusammen an einem Tisch sitzen, um Ihre Probleme zu diskutieren, sondern Sie werden mir, jedes von Ihnen an einem eigenen Pültchen, in einem ‹angemessenen› Abstand gegenübersitzen, wobei die Autorität des Gerichtes noch dadurch unterstrichen wird, dass die Stühle der Richter auf einer leicht erhöhten Plattform stehen. Sie werden von uns auch nicht zu einem Gespräch eingeladen, sondern zu einer *‹Verhandlung›* ‹vorgeladen›, und es ist auch nicht gleichgültig, ob Sie zur Verhandlung erscheinen oder nicht. Erstmaliges *Fernbleiben* löst finanzielle Konsequenzen aus (Busse, Übernahme der Gerichts- und allfälliger Anwaltskosten), und wenn Sie gar zweimal ausbleiben, so hat dies zur Folge,

dass das Schicksal (lies: der Prozess) auch ohne Sie seinen Lauf nimmt. Das Gericht entscheidet dann einfach gestützt auf die Aussagen Ihres Partners beziehungsweise Ihrer Partnerin und auf Grundlage der Akten.
Sie werden sich möglicherweise fragen – und wundern, woher ‹der Staat› das Recht nimmt, Ihnen so zu begegnen.

Weshalb müssen Sie überhaupt vor einer staatlichen Behörde erscheinen, um Ihre höchst privaten Angelegenheiten zu regeln, und weshalb muss dies darüber hinaus ausgerechnet ein Gericht sein?

Es sind im wesentlichen zwei Gründe, die dafür verantwortlich sind: Zum einen der Umstand, dass nach der herkömmlichen Auffassung eines überwiegenden Teils der schweizerischen Bevölkerung die Ehe nicht etwas ausschliesslich Privates ist, also nicht einfach ‹bloss› ein Bündnis zweier Menschen, sondern (auch) eine Einrichtung von tragender gesellschaftspolitischer Bedeutung. Nach dieser Vorstellung dringt der Staat nicht von aussen in die inneren Angelegenheiten privater Menschen ein, er handelt vielmehr in eigenem Interesse, nämlich im Interesse an der Erhaltung der Ehe als einer staatlichen Institution. Das ist auch der Grund, weshalb die Gerichte die Frage, ob überhaupt ein gesetzlich anerkannter Scheidungsgrund vorliegt, der unbekümmert um den Antrag der Eheleute zur Scheidung berechtigt, von Amtes wegen zu prüfen haben.

Als für den Staat handelnde Organe – und das ist der zweite Grund – bieten sich die *Gerichte* deshalb zwangsläufig an, weil sie eigens dafür geschaffen wurden, Konfliktsituationen zu entscheiden. Eine *Scheidung* ist aber – wiederum nach herkömmlicher Auffassung – eine *typische Konfliktsituation.* Die Gerichte haben deshalb den gesetzlichen Auftrag, auch *die vermögensrechtlichen und finanziellen Folgen einer Scheidung* zu überprüfen, und zwar sogar dann, wenn ihnen die Eheleute eine Vereinbarung darüber vorlegen.
Es kann und konnte hier nicht darum gehen, das zur Zeit hierzulande geltende gesetzliche Scheidungsmodell kritisch zu untersuchen. Mein Ziel war einfach, Sie in einem ersten Schritt etwas mit den Regeln vertraut zu machen, die unsere Begegnungen in den kommenden Wochen und Monaten beherrschen werden.

Sie werden bald wieder von mir hören.

Mit freundlichen Grüssen

Der Gerichtspräsident

PS Schicken Sie mir bitte noch das *Familienbüchlein* nach oder bringen Sie es bitte spätestens zur Prozesseinleitungsverhandlung mit. Ich brauche es wegen der genauen Personalien.

Besten Dank!

10. November

Sehr geehrte Frau Tausend
Sehr geehrter Herr Tausend

Besten Dank für die prompte Zustellung des Familienbüchleins. Ich entnehme ihm, dass Sie drei unmündige Kinder haben: Alfred, Manu und Klein-Heidi. Wir werden uns also nebst der Scheidungsfrage auch noch mit dem Problem der *Kinderzuteilung,* mit der Frage der *Besuchsrechtsregelung* und mit dem Aspekt der *Unterhaltsbeiträge* auseinanderzusetzen haben, und zwar sowohl für die Zeit nach einer allfälligen Scheidung als auch für die Dauer des Prozesses.

Da mir zurzeit nicht bekannt ist, ob Sie diese Frage – zu denen im übrigen auch jene gehört, wo die Kinder während des Scheidungsverfahrens leben sollen, wenn Sie selbst getrennt zu leben wünschen – schon miteinander besprochen haben, habe ich für die Prozesseinleitungsverhandlung sicherheitshalber eine Stunde reserviert. Das ist erfahrungsgemäss das Minimum dessen, was wir benötigen, um die erwähnten Problemkreise einigermassen vernünftig miteinander diskutieren zu können. Sie werden die Vorladung zur ersten Verhandlung – an welcher auf seiten des Gerichts nur der Gerichtsschreiber und ich anwesend sein werden – in den nächsten Tagen erhalten.

Ihnen, Frau Tausend, wird überdies noch eine *Kostenvorschuss-Verfügung* zugestellt werden, weil Sie *als Klägerin nach Gesetz kostenvorschusspflichtig* sind, das heisst Sie haften dem Gericht als formelle Prozessverursacherin für die Auslagen, die der Staat im Zusammenhang mit diesem Verfahren hat und haben wird. Wie es das Wort *Vorschuss* bereits sagt, hat diese Haftung nichts mit der Frage zu tun, wer am Ende des Prozesses die Kosten endgültig zu übernehmen hat; die *endgültige Kostenverteilung wird entsprechend dem Ausgang des Verfahrens* geregelt, es sei denn, Sie einigen sich untereinander über diese Frage; dann braucht das Gericht darüber keinen eigenen Entscheid mehr zu treffen. Wenn Sie also im Verlaufe des Verfahrens mehr an Kostenvorschüssen leisten müssen, als Ihnen im Urteil an Kosten auferlegt wird, dann erhalten Sie für die Differenz einen Rückerstattungsanspruch gegenüber Ihrem Ehemann.

Ich habe im Hinblick auf die *Prozesseinleitungsverhandlung* noch ein Anliegen an Sie: Diese Verhandlung dient dem Zweck, in Erfahrung zu bringen, wie kompliziert aller Voraussicht nach das Verfahren ablaufen wird. Je nachdem findet nämlich nicht dasselbe Verfahrensmuster Anwendung. Wo die Zeichen auf ‹Sturm› hindeuten, wo also eine *Kampfscheidung* zu erwarten ist, erhalten die Parteien Gelegenheit, ihre Standpunkte und Begehren in schriftlicher Form einzureichen: Es findet ein sogenannter *Schriftenwechsel* statt (‹Klage› und ‹Antwort›), eventuell sogar ein zweiter (mit ‹Replik› und ‹Duplik›). *Solche Verfahren dauern Monate, wenn nicht Jahre.* Spricht der Anschein für ein

friedliches Auseinandergehen, so wird auf einen Schriftenwechsel verzichtet, die beidseitigen Rechtsbegehren werden an der ersten Verhandlung zu Protokoll genommen (= mündliches Verfahren) und an der Hauptverhandlung allenfalls noch mündlich ergänzt. Solche *mündliche Verfahren dauern* in aller Regel *nicht länger als drei Monate.*
Sie haben es also weitgehend in der Hand, Art und Dauer des Verfahrens selbst zu bestimmen.
Nebst der Festsetzung der Verfahrensart dient die Prozesseinleitungsverhandlung auch noch dazu, die nötigen *Massnahmen für die Dauer des Prozesses* zu bestimmen. Dazu gehört nebst der *Bewilligung des Getrenntlebens* die *provisorische Kinderzuteilung,* die *Besuchsrechtsregelung,* die Festsetzung der *Unterhaltsbeiträge* an Ehepartner und Kinder und die Anordnung weiterer sich aufdrängender Massnahmen *(amtliche Erkundigungen* bei Arbeitgebern, Vormundschaftsbehörden, Sozialberatungsstellen usw.).
Wenn es irgendwie geht, bitte ich Sie, in Ihrem eigenen Interesse, bis zur Prozesseinleitungsverhandlung *keine vollendeten Tatsachen* zu *schaffen.*
Lassen Sie uns die Fragen, wer auf welchen Zeitpunkt die eheliche Wohnung mit oder ohne Kinder verlassen soll und wer wem welche Unterhaltsbeiträge schuldet, miteinander an der Verhandlung diskutieren. Wir werden zusammen eine Lösung finden, die garantiert besser ist, als wenn Sie jetzt eigenmächtig und unter dem Druck der Verhältnisse meinen handeln zu müssen. Ich möchte es Ihnen auch ersparen, mit den mir zur Verfügung stehenden Mitteln der Macht korrigierend eingreifen zu müssen; das ist für Sie und für mich nicht sehr angenehm, ist aber notfalls nicht zu umgehen.
Alles in allem: Zerschlagen Sie beide, bis wir uns sehen werden, bitte nicht unnötig Porzellan! Und wenn Sie schon nicht daran glauben können, dass Ihr(e) Partner(in) diesen Wunsch respektieren wird, dann tun Sie es bitte Ihrer gemeinsamen Kinder wegen!

Auf bald!
Der Gerichtspräsident

12. November

Sehr geehrte Frau Tausend
Sehr geehrter Herr Tausend

Ich habe noch etwas nachzuholen, was ich in meinem letzten Brief vom 10. November vergessen habe: Wer sich zur Scheidung entschliesst, sieht sich irgendwann einmal auch der Frage gegenübergestellt, ob er/sie einen *Anwalt* beiziehen soll oder nicht. Als Aussenstehender kann ich Ihnen natürlich den Entscheid darüber nicht abnehmen, aber ich kann Ihnen vielleicht einige Hinweise geben, von welchen Überlegungen Sie sich (nicht) leiten lassen sollten. Falsch wäre es in jedem Fall, finanzielle Überlegungen entscheiden zu lassen (sei es, dass Sie die Kosten reuen oder dass Sie glauben, sie sich nicht leisten zu können).
Wenn Sie nicht in der Lage sind, Ihren Rechtsvertreter selbst zu bezahlen (Sie müssen im Schnitt mit einer Rechnung in der Grössenordnung eines Monatslohnes rechnen), dann haben Sie das Recht und die Möglichkeit, den sogenannten *Kostenerlass* beim Gericht zu beantragen. Sie müssten mir in diesem Fall einfach einen entsprechenden Antrag stellen und eine Bestätigung Ihrer Wohnsitzgemeinde über Ihre Einkommens- und Vermögensverhaltnisse beilegen, damit ich den Entscheid in Kenntnis der objektiven Verhältnisse fällen kann. Das gilt übrigens nicht nur für die Anwaltskosten, sondern auch für die Auslagen des Gerichts – die sogenannten *‹ordentlichen› Kosten* (im Gegensatz zu den eigenen Auslagen einer Partei, die als *‹ausserordentliche› Kosten* bezeichnet werden). Sie, Frau Tausend, können sich also von Ihrer Kostenvorschusspflicht dadurch befreien, dass Sie mir – wie eben dargelegt – den Kostenerlass für die ordentlichen und/oder ausserordentlichen Kosten beantragen. Ich werde dann in Berücksichtigung der Gerichtspraxis entscheiden, ob – allenfalls in welchem Umfang – Ihnen zuzumuten ist, Kosten selber zu tragen.
Ich würde an Ihrer Stelle die Frage, *ob ein Rechtsanwalt beigezogen werden soll* oder nicht, *von folgenden Überlegungen abhängig machen: Je zerstrittener Ihre eheliche Beziehung ist, um so eher drängt sich eine Rechtsvertretung auf.* Wenn Sie noch einigermassen sachlich miteinander reden können, würde ich vorläufig noch zuwarten, es sei denn, Ihre – vor allem güter- und vermögensrechtliche – *Situation* ist derart *kompliziert,* dass sich der Beizug eines Anwaltes von da her aufdrängt. Bei einigermassen überschaubaren Verhältnissen würde ich Ihnen – sofern ein Gespräch untereinander noch möglich ist – empfehlen, zunächst einmal die Prozesseinleitungsverhandlung abzuwarten, denn der *Beizug von Rechtsvertretern verschärft* erfahrungsgemäss *die bestehende Konfliktsituation,* erschwert mit andern Worten ein sachliches und ruhiges Gespräch zwischen Richter und Parteien. Das ist kein Vorwurf an die Anwälte, sondern die natürliche Folge ihrer Rolle als Interessenvertreter.

Denkbar ist schliesslich auch ohne weiteres, dass Sie beide einen *gemeinsamen Rechtsvertreter als Berater* beiziehen, beispielsweise deshalb, weil Sie *dem Richter nicht schutzlos ausgeliefert* sein möchten. Ein solches Vorgehen empfiehlt sich auch dann, wenn Eheleute eine *möglichst friedliche Lösung suchen,* aber in rechtlicher Hinsicht sich nicht imstande fühlen, diese selbst zu erarbeiten. Das Gericht hat dann nur noch die Aufgabe, diese – in Form einer schriftlichen Vereinbarung vorgelegte – Lösung zu genehmigen und im übrigen die Fragen zu entscheiden, die von Amtes wegen (das heisst unbekümmert um den Antrag der Parteien) überprüft und entschieden werden müssen: den Scheidungsgrund und die Frage der Kinderzuteilung.

Soviel für heute. Ich hoffe, Sie sind nun für unsere erste Begegnung so weit gewappnet und vorbereitet, dass Sie den Gang zum Gericht ohne Angst und Misstrauen tun können.

Der Gerichtspräsident

4. Dezember

Sehr geehrte Frau Tausend
Sehr geehrter Herr Tausend

Eben komme ich von der Einleitungsverhandlung zurück in mein Büro – voll von Eindrücken, die ich zum Teil noch nicht richtig im Griff habe und die ich deshalb zu Papier bringen muss; vielleicht werden sie dadurch etwas fassbarer.

Die Verhandlung mit Ihnen ist aus meiner Sicht nicht in allen Teilen glücklich verlaufen. Ich hätte mir – und Ihnen! – eigentlich gewünscht, dass wir in allen Punkten zu einer gemeinsam erarbeiteten Lösung kommen, ohne ausdrückliche Verfügung meinerseits. Gerade was die *Höhe der Unterhaltsbeiträge* betrifft, so wissen Sie beide doch viel besser als ich, wo die *zumutbare Grenze der Leistungsfähigkeit* auf der einen, und der – gemessen an Ihrem bisherigen Lebensstil – *vernünftige Bedarf* auf der andern Seite liegt. Ich finde es nicht gut, wenn ich auf fragwürdige (weil auf Vergleichen von letztlich eben Unvergleichbarem beruhende) Faustregeln zurückgreifen muss, die nicht auf Ihre spezielle Situation zugeschnitten sind. Sehr geehrter Herr Tausend, ich kann Ihre Enttäuschung darüber verstehen, dass ich bei der Festsetzung der Unterhaltsbeiträge für Ihre Familie nicht von Ihrer Aufstellung, sondern von derjenigen Ihrer Frau ausgegangen bin, aber Sie werden mir zugestehen müssen, dass Sie nicht nur der wirtschaftlich eindeutig stärkere Teil von beiden sind, sondern dass meine Vermutung, Sie verfügten zusätzlich zum deklarierten Einkommen noch über weitere Einkommensquellen, nicht von der Hand zu weisen ist. Sie selbst haben ja auch keine ernsthaften Versuche unternommen, um diese Vermutung zu widerlegen. Auf der andern Seite war der Bedarf in der von Ihrer Frau angegebenen Höhe deshalb ausgewiesen, weil beim derzeitigen Alter Ihrer drei unmündigen Kinder unter allen Umständen zu vermeiden war, dass Ihre Frau über das bisherige Mass hinaus einer ausserhäuslichen Erwerbstätigkeit nachgehen muss. Im übrigen habe ich je länger um so mehr den Eindruck, dass Ihr Widerstand gegen die von Ihrer Frau verlangten Unterhaltsbeiträge weniger auf finanziell-wirtschaftlichen als auf psychologischen Gründen beruht. Sie sind wahrscheinlich – und das kann ich nachfühlen, ohne inhaltlich dazu Stellung zu nehmen – einfach noch zu stark verletzt darüber, dass Ihre Frau nicht nur das Scheidungsverfahren eingeleitet hat, sondern dass Ihnen jetzt auch Ihre Kinder weggenommen werden und dass Sie überdies noch für die Familie zahlen müssen. Bedenken Sie bitte, dass *alles, was an der heutigen Verhandlung angeordnet wurde,* erstens *provisorischen Charakter hat und* zweitens *nur für die Dauer des Verfahrens gilt.* Alles ist jederzeit revidier- und abänderbar, wenn Sie mir überzeugende Gründe für eine Änderung nennen können. Ich habe Ihnen überdies auch an der Verhandlung schon gesagt, dass mein Anliegen dahin geht, für diese (unvermeidliche) Zeit des Verfahrens mit Ihnen beiden zusammen zu einer für alle Beteiligten – also auch für Ihre Kinder – annehmbaren, fairen Lösung zu gelangen. Was *ich* dabei einwerfen kann, ist nur meine Erfahrung und mein Menschenbild, das ich in mir trage; *Sie* hingegen wirken beide an der Gestaltung Ihres persönlichen Schicksals und der Zukunft Ihrer Familie mit, die ja durch die Scheidung Ihrer Ehe nicht aufgelöst wird, sondern – unter veränderten äusseren Bedingungen – bestehen bleibt.

Die *Auflösung einer kinderlosen Ehe ist* eine reine *Liquidation;* eine *Scheidung von Eltern* ist darüber hinaus – und ich meine, wir alle sollten das Schwergewicht *darauf* legen – eine *zukunftsgestaltende Aufgabe.*

Lassen Sie uns das für die kommende Zeit im Auge behalten, dann werden wir unser Ziel – eine faire Lösung für alle Beteiligten – erreichen.

Ich werde mich morgen wieder melden. Es gibt noch viel zu sagen.

Der Gerichtspräsident

5. Dezember

Sehr geehrte Frau Tausend

Ich wende mich heute in zwei getrennten Briefen an Sie und Ihren Mann, weil ich Ihnen ein paar Tips geben möchte zum *Besuchsrecht* beziehungsweise ganz allgemein zum persönlichen Kontakt der einzelnen Familienangehörigen zueinander in den kommenden Tagen und Wochen. Sie stehen da nicht in der gleichen Situation wie Ihr Mann, und deshalb erscheint es mir am Platz, Ihnen auch gesondert zu schreiben.

Weihnachten steht vor der Türe, eine schwierige Zeit für Sie alle, nachdem Ihr Mann nun die Wohnung noch vorher verlassen und auswärts Wohnsitz nehmen wird. Ich kann verstehen, dass Sie keine Lust haben, das Weihnachtsfest gemeinsam mit Ihrem Mann und den Kindern zu begehen, und deshalb haben wir an der Verhandlung von gestern ja auch vorgesehen, dass die Kinder am Heiligen Abend bei ihrem Vater feiern. Immerhin: Sie werden bemerkt haben, dass es mir nicht leicht gefallen ist, Ihnen die *Bewilligung zum Getrenntleben* (auf die Sie ja einen Rechtsanspruch haben, nachdem das Scheidungsverfahren in Gang gesetzt wurde) noch vor Weihnachten zu erteilen. Mindestens für die Kinder ist die Situation dadurch wahrscheinlich nicht leichter geworden. Ich habe auch gespürt, wie schwer es Ihrem Mann gefallen ist, Ihren Wunsch zu akzeptieren. Ich möchte Sie einfach bitten, auch Ihrerseits in erster Linie die Familie im Auge zu behalten und nicht das, was Sie als Ehepartnerin zur Einleitung des Scheidungsverfahrens veranlasst hat. Unterbinden oder erschweren Sie auch bitte in keiner Weise den persönlichen Kontakt zwischen Kindern und Vater. Sie werden vielleicht ab und zu den Eindruck erhalten, Ihr Mann beeinflusse Ihre Kinder negativ; die Kinder werden möglicherweise nach den Besuchen bei ihrem Vater einen verstörten Eindruck auf Sie machen und werden einige Zeit brauchen, um sich wieder in Ihrer Umgebung zurechtzufinden. *Die Erfahrung lehrt, dass in den weitaus meisten Fällen der Ehepartner zu Unrecht verdächtigt wird.* Nicht er ist es, der die Kinder verunsichert und verstört, sondern die familiäre Situation an sich, die für die Kinder unerträglich ist. *Probieren Sie, den partnerschaftlichen Teil Ihrer Schwierigkeiten vom familiären zu trennen* und halten Sie die Kinder aus ersterem heraus.

Im übrigen: Ich weiss es zu schätzen, dass Sie und Ihr Mann auf eine ausdrückliche und detaillierte Besuchsrechtsregelung verzichtet haben und bestrebt sind, den persönlichen Kontakt zwischen den Kindern und ihrem Vater autonom, das heisst selbständig, zu organisieren. Eine richterliche Verfügung hätte auch wenig Sinn gehabt, weil ja im Ernst nicht daran gedacht werden kann, eine solche Verfügung notfalls zwangsweise durchzusetzen, möglicherweise sogar noch mit Hilfe der Polizei!

Zwischenmenschliche Beziehungen entziehen sich letztlich jeder Fremdbestimmung, und das ist gut so. *Richterliche Anordnungen in diesem Bereich können nur psychologische Bedeutung haben, mehr nicht.* Und am besten sind die richterlichen Anordnungen, die gar nicht erlassen werden müssen!

Wie Sie meiner Verfügung von gestern entnehmen können, habe ich den *Sozialberatungsdienst* beauftragt, mit Ihnen, Ihrem Mann und den Kindern zusammen die familiäre Zukunft vorzubereiten. Dazu gehört unter anderem die Frage, *bei wem die Kinder wohnen sollen und wer die Verantwortung für ihre Erziehung übernehmen soll.* Ich bitte Sie, sich der Zusammenarbeit mit dem Sozialberatungsdienst (der in diesen Fragen über eine grosse Erfahrung und über ausgewiesene Mitarbeiter verfügt)

nicht zu verschliessen, denn in diesem Punkt geht es nicht nur um Ihr persönliches Schicksal, sondern um das *Schicksal der ganzen Familie.* Möglicherweise dauern diese Bemühungen einige Zeit, vielleicht länger, als Sie es sich vorgestellt haben. Je schneller und besser es Ihnen und Ihrem Mann gelingt, das Partnerschaftliche vom Familiären zu trennen, um so eher ist eine tragfähige und faire Lösung für Sie alle zu erwarten. (Im übrigen hätte es auch wenig Sinn, die Arbeit des Sozialberatungsdienstes zu erschweren, denn das Gericht ist für sein Urteil auf einen Bericht dieser Behörde angewiesen, und vorher kann eine Scheidung nicht ausgesprochen werden.)
Mit freundlichen Grüssen

Der Gerichtspräsident

5. Dezember

Sehr geehrter Herr Tausend

Ich wende mich heute in getrennten Schreiben an Sie und Ihre Frau, weil ich Ihnen im Zusammenhang mit dem Problem der *Kinderzuteilung* und mit der *Gestaltung des persönlichen Kontaktes zwischen Ihnen und Ihren Kindern* ein paar Gedanken mitteilen möchte. Sie werden demnächst die eheliche Wohnung verlassen und auswärts Wohnsitz nehmen, während Ihre Frau mit den Kindern an ihrem bisherigen Wohnsitz bleiben wird. Das schafft für Sie beide unterschiedliche Probleme, auf die ich im folgenden kurz eingehen möchte.
Als gewissermassen auf die Strasse gestellter Familienvater und Ehemann läuft man Gefahr, sich selbst zu bemitleiden. Man neigt dazu, mit dem Schicksal zu hadern und sich in der Rolle desjenigen zu sehen, dem ausschliesslich Nachteile überbunden wurden. Auf den ersten Blick ist diese Sicht verständlich: Die Ehe droht auseinanderzufallen, die Familie wird zum Rumpfgebilde, und die Kosten trägt der Ehemann und Vater. Wer sich als Mann in die Rolle des Beklagten versetzt sieht, der eigentlich gar keine Scheidung sucht, ist wahrlich nicht zu beneiden. Da liegt es fast auf der Hand, dass man sich irgendwie zu rächen sucht. Und da man die Partnerin nicht daran hindern kann, das Scheidungsverfahren in Gang zu setzen, läuft man – ohne es zu wollen –

Gefahr, die Kinder zur Drehscheibe des Ehekonfliktes zu machen.

Man schüttet ihnen sein Herz aus, präsentiert ihnen den ganzen seelischen Scherbenhaufen, auf dem man sitzt, macht sie zu seinen Verbündeten gegen den Partner resp. die Partnerin, missbraucht sie als Briefträger für Botschaften an den/die Partner(in), die nur den Zweck haben, diese(n) erneut zu verletzen usw. usw. Dabei weiss man heutzutage, dass auch bei dieser – unter anderm auf Sie zutreffenden – Konstellation die Vor- und Nachteile gar nicht so einseitig verteilt sind, wie es den Anschein macht.

Sehr vielen Frauen gebietet nicht ihr liebendes Mutterherz, die Zuteilung der Kinder an sich zu beantragen, sondern *gesellschaftliche Zwänge;* sie fühlen sich von der Gesellschaft her dazu verpflichtet, weil sie befürchten, als schlechte Mütter angesehen zu werden, wenn sie auf ihre Kinder verzichten. Ich kann nicht beurteilen, ob bei Ihrer Frau diese oder ähnliche Überlegungen eine Rolle spielten. Aber ich habe das Gefühl, als ob Sie in der Frage der Kinderzuteilung bereits resigniert hätten. Ist Ihnen überhaupt klar, dass Sie *als Vater grundsätzlich den gleichen Anspruch* haben, *die Kinder zugeteilt zu bekommen* wie Ihre Frau? Was hindert Sie eigentlich darin, die Zuteilung zu beanspruchen? Sie sind in einer beruflichen Stellung, die Ihnen grosse Freiheiten in der Gestaltung der Arbeitszeit lässt. Sie haben offensichtlich eine sehr gute gemütsmässige Beziehung zu Ihren Kindern. Sie scheinen auch in Haushaltsangelegenheiten kein unbeholfener Mensch zu sein. Scheuen Sie die *Verantwortung als Alleinerzieher,* oder haben Sie *Angst, in der Freiheit der Lebensgestaltung übermässig eingeengt zu werden,* wenn Sie auch noch für Ihre Kinder sorgen müssen? Überlegen Sie sich diese Frage einmal, vielleicht eröffnen sich im Gespräch mit dem Sozialberatungsdienst, der von mir den Auftrag erhalten hat, die familiäre Zukunft mit Ihnen, Ihrer Frau und Ihren Kindern zu besprechen und vorzubereiten, völlig neue Aussichten?
Noch eine Bemerkung zum sogenannten *Besuchsrecht* während der Dauer des Scheidungsverfahrens: *Vereinbaren Sie die Besuchstermine* bitte *rechtzeitig mit Ihrer Frau,* damit diese ihrerseits über die Zeit, in der Sie die Kinder bei sich haben, verfügen kann; eine Woche im voraus sollte das Minimum sein. *Vermeiden Sie* bitte *auch, dass die Kinder so ‹zwischen Tür und Angel› übernommen und übergeben werden.* Das ist für alle Beteiligten entwürdigend. Sie haben das Recht, die Kinder in der Wohnung abzuholen (sofern Sie sich dort korrekt verhalten), und wenn Ihre Frau dies partout nicht wünscht, dann hat *sie* die Pflicht, die Kinder zu Ihnen zu bringen. *Halten Sie die abgemachten Termine* bitte *auch peinlich genau ein.* Es ist jetzt für alle sehr wichtig, dass wenigstens eine *äussere Ordnung* herrscht und eingehalten wird, sonst erreichen wir für die Zukunft nie eine tragfähige Lösung. Und schliesslich ein Letztes: Lassen Sie Ihre Frau den Kindern gegenüber wenigstens als Mutter gelten, so wie Sie zu Recht von Ihrer Frau erwarten, dass sie Sie den Kindern gegenüber wenigstens als Vater gelten lässt. Versuchen Sie, Familiäres und Partnerschaftliches auseinanderzuhalten.
Die Kinder können nichts für Ihren Ehekonflikt, und sie haben ein Recht, auch in Zukunft zu Ihnen *beiden* ein gutes Verhältnis zu haben, ohne dauernd in Loyalitätskonflikte zu geraten.

Mit freundlichen Grüssen

Der Gerichtspräsident

10. Dezember

Sehr geehrte Frau Tausend
Sehr geehrter Herr Tausend

Es wird Ihnen kaum entgangen sein, dass ich an der Prozesseinleitungsverhandlung bestrebt war, nicht allzu stark auf die Hintergründe Ihrer Ehekrise einzugehen. Ich möchte Ihnen heute erklären, warum.
Ein Scheidungsverfahren lässt sich nur bedingt mit anderen Zivilprozessen vergleichen – mit anderen (z.B. Strafprozessen) schon gar nicht; der *Verfahrensablauf* ist nur vom Gerüst her vorbestimmt, im übrigen ist *immer alles offen;* die Entwicklung kann in die verschiedensten Richtungen gehen: Die *Klage kann jederzeit zurückgezogen werden,* das *Verfahren kann jederzeit sistiert* (d.h. aufs Eis gelegt) *werden,* das *schriftliche Verfahren kann* bei Einigung der Parteien über die sogenannten Nebenfolgen *in ein mündliches umgewandelt werden – und umgekehrt.* Das alles hängt damit zusammen, dass sich im Verlaufe eines solchen Verfahrens eben auch auf der Beziehungsebene zwischen den Eheleuten alles Mögliche ereignen kann: Finstere Entschlossenheit kann plötzlich in Zweifel über die Richtigkeit des eingeschlagenen Weges umkippen; scheinbar Unverständliches wird mit der Zeit verständlich; Fehler werden eingesehen, wo bislang sture Selbstgerechtigkeit herrschte; Angst vor einer unbekannten Zukunft (z.B. vor dem Allein-Sein) beginnt sich breit zu machen; finanzielle Überlegungen werden plötzlich wichtiger als der Drang, scheinbar Versäumtes nachzuholen. Die Situation kann sich aber *auch dramatisch zuspitzen:* Man hält mit seiner Meinung nicht mehr hinter dem Berg zurück; jahrelang hat man in Auseinandersetzungen ‹um des Friedens willen› geschwiegen, und jetzt merkt man, dass alles falsch und grundverkehrt war; die ganze angestaute Verbitterung wird nun über den/die Partner(in) ausgeschüttet; Fronten verhärten sich, aus einer Schlacht wird ein Krieg ums Überleben; kein Mittel ist einem schlecht genug, um das zerstörerische Werk zu vollenden. – Das alles und noch mehr kann im Verlaufe eines Scheidungsverfahrens passieren. Meine Aufgabe als Richter ist es unter anderem, in solche Beziehungsprozesse nicht einzugreifen, weder in die eine noch in die andere Richtung. Ich kann beobachten, zur Kenntnis nehmen, Schlüsse ziehen; ich darf selbstverständlich auch fragen (und ab und zu laut denken); aber alles ohne gezielte Beeinflussung.

Ein Richter hat nicht Schicksal zu spielen.

Er wird zwar zwangsläufig immer wieder schicksalshaft tätig, nämlich dort, wo er entscheiden muss, aber diese Entscheidungen haben sich allen autonomen Konfliktregelungsmöglichkeiten unterzuordnen, d.h. *der Richter soll nicht ohne Not in das Selbstbestimmungsrecht der Parteien eingreifen;* eine vor dem Richter ausgetragene Meinungsverschiedenheit soll erst dann durch eine richterliche Verfügung beendet werden, wenn es nicht mehr anders geht. Richterliche Autorität ist in diesem Sinne immer zweitrangig.

Der Richter tritt nicht an die Stelle der Selbstverantwortlichkeit und des Selbstbestimmungsrechtes der Parteien, sondern er ergänzt beides.

Er hat – und das bringt mich wieder an den Beginn des Briefes – deshalb auch die Pflicht, darauf hinzuwirken, dass die Parteien ihre eigenen Möglichkeiten, ihre Beziehungen zu regeln, ausschöpfen, und das bedingt unter anderem eben, dass das schmale Beziehungsband, welches in der Regel zu Beginn eines Scheidungsverfahrens zwischen den Parteien noch besteht, nicht durch unbedachte Äusserungen ganz zerstört wird. Was einmal gesagt ist, lässt sich nicht mehr zurücknehmen. Für das, was aber gesagt werden *muss,* ist es nie zu spät.

Mit freundlichen Grüssen

Der Gerichtspräsident

12. Februar

Sehr geehrte Frau Tausend
Sehr geehrter Herr Tausend

Sie haben nun seit der Einleitung Ihres Scheidungsverfahrens eine Reihe Briefe von mir erhalten, mit einer Fülle von Informationen, Anregungen und Ratschlägen. Ich kann mir vorstellen, dass Sie – selbst wenn Sie sich ernsthaft bemühen, meine Ratschläge zu befolgen – Ihre eigene Scheidung völlig anders erleben als die in diesen Briefen geschilderte. Vielleicht haben Sie in den vergangenen Wochen wirklich aufrichtig versucht, Ihre Kinder aus dem Konflikt mit Ihrem Partner resp. Ihrer Partnerin herauszuhalten, aber die ‹Gegenseite› macht einfach nicht mit; oder Sie haben sich in letzter Zeit ernsthaft um einen anständigen Ton am Telefon bemüht, wenn Ihr(e) Partner(in) angerufen hat, um den Besuchstermin mit den Kindern zu vereinbaren – alles vergebens! Der Ton auf der ‹Gegenseite› ist noch immer derselbe: barsch, gefühllos, zynisch.
Was sollen also all die gutgemeinten Briefe eines unbekannten Richters? Sie scheinen Ihnen ja doch nicht helfen zu können!

Ich bin mir bewusst, dass ich keine unmittelbare und konkrete Hilfe anbieten kann. Jede Scheidung verläuft nach ihren ureigenen und unverwechselbaren Gesetzen. Es wäre daher grundfalsch, von diesen Briefen unmittelbar anwendbare Rezepte zu erwarten. *Konkrete Verhaltensempfehlungen* kann Ihnen *Ihr* Richter, *Ihr* Anwalt, *Ihr* Eheberater etc. geben – Menschen, die Sie persönlich kennen und mit Ihrer Beziehungsproblematik vertraut sind. Meine Briefe an Sie sind weniger – und mehr zugleich! Weniger, weil sie wie gesagt auf Ihre spezielle Lage keine Rücksicht nehmen (können) – mehr, weil sie auf langjähriger Beobachtung von Scheidungsverfahren aus unmittelbarer Nähe beruhen. Ich rede von den Dingen, die typisch sind, die sich immer wieder ereignen, die uns alle – nicht nur Sie – betreffen. Ich rede vom Umgang mit andern Menschen und wie man diesen Umgang vielleicht gestalten könnte, dass er für alle Beteiligten positiv empfunden wird. Und ich meine damit nicht nur den Umgang zwischen Eheleuten untereinander oder mit ihren Kindern, sondern auch die Beziehungen zwischen Richter und Parteien, zwischen Parteien und Anwälten, zwischen Richter und Sozialberatungsstellen, zwischen Anwälten und diesen usw. usw.

Wir alle, die wir an Scheidungsverfahren beteiligt sind, arbeiten letzten Endes an derselben Aufgabe: *Menschen in persönlicher Bedrängnis zu helfen, ihre partnerschaftliche Beziehung auf menschenwürdige Art zu beenden, unter möglichster Aufrechterhaltung der familiären Beziehungen in einem neuen Umfeld.*

Dazu einen kleinen Beitrag zu leisten ist das nicht ganz unbescheidene Ziel dieser Briefe.

Mit freundlichen Grüssen

Der Gerichtspräsident

22. Februar

Sehr geehrte Frau Tausend
Sehr geehrter Herr Tausend

Es gibt kaum eine Scheidung, in deren Verlauf nicht früher oder später einmal der Begriff der *Schuld* herumzugeistern beginnt. Viele Ehepaare glauben immer noch, die Hauptaufgabe des Gerichts bestehe darin, herauszufinden, wen von beiden Partnern die grössere Schuld am Scheitern der Ehe treffe. Offenbar verbindet sich mit dieser Vorstellung auch gleich noch die weitere, dass das Gericht dann den überwiegend Schuldigen auch noch bestrafe, z.B. in finanzieller Hinsicht oder durch Wegnahme der Kinder. So schwer es anscheinend fällt, diese Schauermärchen-Vorstellungen auszurotten, so sehr liegt mir daran, dass Sie über die

Rolle und Bedeutung der Schuld im Rahmen eines Scheidungsverfahrens

korrekt, wenn auch vereinfachend, ins Bild gesetzt werden.

Von praktischer Bedeutung ist der Begriff der Schuld nur noch in zweierlei Hinsicht: Einmal dort, wo der überwiegend schuldige Teil selbst und gegen den Willen des andern Teils die Scheidung verlangt. Das ist rechtsmissbräuchlich und daher unzulässig.

Es soll nicht jemand die Ehe auflösen dürfen, deren Zerrüttung er selbst in erster Linie zu verantworten hat.

Zum zweiten spielt das Verschulden bei der Festsetzung der Ehegattenalimente eine gewisse Rolle, indem nach dem Gesetz *nur der schuldlose* (oder doch zumindest klar untergeordnet schuldige) *Teil Anspruch auf eine Rente hat.* Das ist bereits alles. Wenn man überdies in Rechnung stellt, dass heute sicher neun von zehn Scheidungen mit einer *Vereinbarung über die Nebenfolgen* ausgesprochen werden, dann mögen Sie erahnen, welch *geringe Bedeutung* der Begriff der *Schuld,* bezogen auf alle Scheidungen in der Schweiz, überhaupt hat.
Wer schon über Jahre hinaus Ehe- und Elternpaare geschieden hat und beobachten konnte, dass in den meisten Fällen nicht böser Wille oder zerstörerische Absicht, sondern schlichte

Überforderung im Umgang mit dem Partner als vermutliche Hauptursache für das Scheitern der ehelichen Gemeinschaft

zu gelten hat, der wird in Fragen der Schuldzuweisung – soweit sie überhaupt noch nötig ist – ohnehin grösste Zurückhaltung üben. Vielleicht hilft es auch Ihnen, die Geschichte Ihrer Ehe einmal unter dem Gesichtspunkt der gegenseitigen Überforderung statt unter dem der Schuld zu analysieren. Sie werden mit grosser Wahrscheinlichkeit die erstaunliche Feststellung machen, dass ein solches *Gespräch über gegenseitig unerfüllt gebliebene Wünsche, Erwartungen und Hoffnungen* sowohl im Hinblick auf die Gestaltung der Scheidungsfolgen als auch für ihre persönliche Zukunft weit konstruktivere Wirkung hat, als wenn Sie sich gegenseitig Schuld in die Schuhe (oder sonst wohin) schieben.
Mit freundlichen Grüssen

Der Gerichtspräsident

14. Mai

Sehr geehrte Frau Tausend
Sehr geehrter Herr Tausend

Gestern habe ich die von Ihnen beiden unterzeichnete *Vereinbarung (Konvention) über die sog. Nebenfolgen der Scheidung* erhalten. Mit gleicher Post ist auch der *Bericht des Sozialberatungsdienstes* eingetroffen, dem ich entnehme, dass Sie auch in der Gestaltung der persönlichen Kontakte zwischen Eltern und Kindern nach der Scheidung und mit Bezug auf Wohnort und elterliche Gewalt zu einer Einigung gekommen sind. Ich gehe wohl nicht fehl in der Annahme, dass es kein Zufall ist, dass die beiden Dokumente gleichzeitig bei mir eingetroffen sind. Die Nebenfolgenvereinbarung trägt zwar unerkennbar die Züge eines Rechtsanwaltes, aber offensichtlich verdankt sie ihr Zustandekommen (mindestens auch) den Bemühungen des Sozialberatungsdienstes, denn ohne Einigung in der Kinderfrage hätte ja auch keine Vereinbarung in güter- und vermögensrechtlicher Hinsicht – vor allem in Sachen Unterhaltsbeiträge – abgeschlossen werden können. *Ich freue mich, dass es Ihnen gelungen ist, den äusseren Rahmen für die Gestaltung Ihrer familiären Zukunft selbst zu schaffen. Er bildet die solideste Grundlage, die man sich denken kann, solider jedenfalls als ein richterliches Urteil.* Dem Gericht bleibt jetzt nur noch die Aufgabe, die Scheidung auszusprechen und die Nebenfolgenvereinbarung zu genehmigen. Letzteres dürfte auf keine nennenswerten Schwierigkeiten stossen, weil – zumindest im jetzigen Zeitpunkt – keine Anhaltspunkte für eine offensichtliche Bevorzugung resp. Benachteiligung eines von Ihnen erkennbar sind. Immerhin müssen Sie damit rechnen, dass an der *Hauptverhandlung* der eine oder andere Richter noch die eine oder andere Frage an Sie stellt im Zusammenhang mit der Vereinbarung, beispielsweise zur Höhe der güterrechtlichen Abfindung, die Sie, Herr Tausend, Ihrer Frau zahlen. Es wäre für uns wichtig zu wissen, wie Sie zu diesem Betrag gekommen sind. – Die Scheidung selbst dürfte eine reine Formsache sein, nachdem alle Nebenpunkte inzwischen geregelt werden konnten und nachdem – wie dem Bericht des Sozialberatungsdienstes zu entnehmen ist – offenbar auch die Kinder diese Lösung für die beste halten. Das Gericht hat zwar – theoretisch – immer noch die Pflicht, zu prüfen, ob überhaupt ein gesetzlich anerkannter Scheidungsgrund (praktisch bedeutsam sind nur noch der allgemeine Scheidungsgrund der tiefen unheilbaren Zerrüttung und derjenige des Ehebruchs) vorliegt, aber diese Prüfung wird dort, wo sämtliche direkt Betroffenen der Scheidung zustimmen, kaum mehr vorgenommen. Sie stünde im Widerspruch zur heutigen Auffassung des Selbstbestimmungsrechtes. Obwohl das geltende Recht also keinen Unterschied macht, ob beide Eheleute der Scheidung zustimmen oder nicht, ist dieser Unterschied von grosser praktischer Bedeutung. Der Grundsatz, wonach ein Gericht dort, wo der Anschein für Frieden (im Sinn von Einigkeit) spricht, keinen Grund und kein Recht hat, einzugreifen, hat auch im (an sich in diesem Punkt zwingend geregelten) Scheidungsrecht Eingang gefunden.

Eheleute haben es also weitgehend in der Hand, wie weit der Richter in ihre Privatsphäre eingreift!

Sie werden demnächst die Vorladungen zur Hauptverhandlung erhalten.

Mit freundlichen Grüssen

Der Gerichtspräsident

2. Juni

Sehr geehrte Frau Tausend
Sehr geehrter Herr Tausend

Seit gestern sind Sie ein getrenntes Paar, *geschieden als Ehepartner, aber weiterhin einander verbunden als Eltern Ihrer drei Kinder.* Die Hauptverhandlung hat – wie vorauszusehen war – nur eine knappe Viertelstunde gedauert, eine reine Formsache, möchte man annehmen. Sie war für das Gericht vielleicht nicht viel mehr, konnte nicht viel mehr sein, nachdem Sie in allen wesentlichen Punkten zu einer Einigung gelangt waren. Für das Gericht ist gestern ein ‹Fall› zu Ende gegangen, mehr nicht. Es war leider nur in bescheidenen Ansätzen möglich, einander – über die Schranken hinweg – auch als Menschen zu begegnen, am ehesten vielleicht noch zwischen Ihnen und mir, weil wir doch über mehrere Monate miteinander in Kontakt standen. Ich hoffe, Sie haben trotzdem gespürt, *dass auch ein Gericht* nicht einfach eine bürokratische Einrichtung ist, sondern *aus Menschen aus Fleisch und Blut besteht,* mit all den Vorzügen und Nachteilen, die uns Menschen nun einmal anhaften. Ich hoffe, Sie haben auch gespürt, dass ein Gerichtsverfahren für die Betroffenen nicht nur eine psychische Belastung bedeutet, sondern eine Hilfe sein kann in der Bewältigung all dessen, was man in dieser Zeit ertragen, verarbeiten und neu gestalten muss.

Gerichte sind nicht dazu da, Frieden zu stiften; Gerichte sind dazu da, Ordnung zu schaffen, aber gerade diese Ordnung ist oft die Voraussetzung dafür, dass Frieden überhaupt (wieder) entstehen kann.

Sie haben nun einen Weg gewählt, der zu Beginn unserer Begegnung alles andere als ein friedlicher war, aber sie haben heute die Gewissheit, dass es wahrscheinlich der einzige Weg war, der Ihnen als mögliche Partner (in einer anderen Beziehung) und als Eltern (in Ihrer fortbestehenden gemeinsamen Familie) wieder eine Chance für ein friedvolles Dasein eröffnet.

Ich wünsche Ihnen und Ihren Kindern in diesem Sinne alles Gute!

Der Gerichtspräsident

AUSBLICK

Die Scheidung ist ein Ereignis, durch das alle Betroffenen stark *herausgefordert* werden; Sie müssen als Eltern sehr viel Aktivität entwickeln, zum Beispiel Aktivität in Ihrer persönlichen Auseinandersetzung mit sich selbst und Ihren Gefühlen. Sie müssen eine Art *innere Bilanz* des bisher Erreichten im (Ehe-)Leben ziehen, müssen sich selbst irgendwie erklären, weshalb es zur Scheidung kommen musste, und aus dieser Krise lernen.
Gleichzeitig müssen Sie auch *nach aussen* aktiv werden, da fast alles neu organisiert weden muss (eventuell Wohnung, Finanzen bis hin zur beruflichen Tätigkeit).

Die grösste *Herausforderung* bedeutet es wahrscheinlich, dafür zu sorgen, das Ihre Kinder möglichst wenig unter all dem Schweren leiden müssen und sich trotz allem ungestört weiter entwickeln können.
Wenn man all das zusammen sieht, kann Scheidung für Sie, als die nun getrennten Eltern, leicht auch mit *Überforderung* einhergehen.
Wenn man so vieles tun muss, neigt man bekanntlich dazu, zu resignieren und aufzugeben.
Zudem können die entstehenden Probleme so kompliziert sein, dass ein jedes Buch unzulänglich bleiben muss. Dennoch bedeutet das nicht, dass Sie mit Ihren Schwierigkeiten ganz allein dastehen; denn mit der anwachsenden Zahl der Scheidungen ist zurzeit auch die Zahl der Angebote an Hilfe gewachsen.

Wenn Sie den Eindruck haben, dass Sie Ihre Situation im Alleingang nicht mehr bewältigen können, möchten wir Ihnen Mut machen, sich an eine der offiziellen Paar- und Familienberatungsstellen zu wenden.

Familienberatung/Familientherapie

Ein Verzeichnis der *öffentlichen Familienberatungsstellen* in der Schweiz können Sie (für 4 Franken) vom Institut für Ehe und Familie, Postfach 258, 8008 Zürich, anfordern.
Private Institutionen für Familienberatung beziehungsweise Familientherapie finden Sie sicherlich leicht (siehe Telefonbuch) auch in der Nähe Ihres Wohnortes.
Die Mitbeteiligung einer qualifizierten Fachperson (Familienberater/-in oder Familientherapeut/-in genannt) kann bei der Suche von Lösungen von grosser Hilfe sein. Ein wirklich guter Helfer/-in ergreift *nicht einseitig* Partei für ein Familienmitglied, sondern versucht, sowohl der Mutter als auch dem Vater gerecht zu werden – den Kindern zuliebe. Gehen Sie bei der Wahl des Beraters (oder Therapeuten) sorgfältig vor:

- Erkundigen Sie sich, ob der Berater beziehungsweise Psychotherapeut speziell für Familien- und Scheidungsfragen ausgebildet ist.

- Fragen Sie auch nach den Kosten. Auskünfte sind bei den öffentlichen (von Staat oder Kirche organisierten Stellen) Beratungsstellen meistens unverbindlich und unentgeltlich. Bei privaten Praxen bezahlen – unter Umständen – gewisse Krankenkassen einen Anteil an die Therapiekosten.

- Vertrauen Sie bei der Wahl des Beraters Ihrem Gefühl.

Andere Bücher zu diesem Thema:

‹Was tun für Scheidungskinder› (Isolina Ricci, Schweizer Verlagshaus, 1982). Ist ein wertvoller Beitrag zur Problembewältigung und Hilfestellung für betroffene Eltern (ist auch als Taschenbuch erhältlich).
‹Julius das Rattenkind› von Lydia Devos, Artemis Verlag, geeignet für Kleinkinder zum Vorlesen.
‹Scheidung?› (Daniel Trachsel, Verlag Beobachter AG, Glattbrugg, 1982).

Quellenhinweis

‹Stieffamilien› (Verena Krähenbühl u. a., Lambertus-Verlag, 1986). Ausführliche Darstellung einer Forschungsarbeit über Stieffamilien: Struktur, Entwicklung und Therapie.
‹Surviving the Breakup. How Children and Parents Cope with Divorce› (Kelly/Wallterstein, New York, 1980).
‹Was tun für Scheidungskinder› (Isolina Ricci, Schweizer Verlagshaus, 1982).
‹Trennung vom Ehepartner› (Robert S. Weiss, Klett-Cotta, 1980).

Die Autoren-Gruppe

Peter Balscheit-Osmer
Dr. iur., geb. 1939, verheiratet, ein Kind, Bezirksgerichtspräsident (seit 1970). Aus dem wachsenden Bedürfnis heraus, die Menschen trotz allem zu lieben, und aus der eigenen Unfähigkeit heraus, dieses Bedürfnis zu stillen, interessiert an allem, was sich zwischen Menschen ereignet. Beruflich dem Menschen verpflichtet, wie er sein sollte; privat an dem Menschen interessiert, wie er nun einmal ist. *

Walter Gasser-Ruchat
geb. 1937, verheiratet, Sozialarbeiter und Familienberater. Eine langjährige berufliche Erfahrung mit dem Schwerpunkt ‹Eltern in Scheidung›, aber auch persönliche Einsichten als Familienvater von drei Kindern, liessen die Idee zu diesem Kinder- und Elternbuch entwickeln. Ich bin jedesmal beeindruckt, wenn Eltern es schaffen – trotz Schmerz, Wut und Trauer –, die Partnerrolle von der Elternrolle zu entflechten, und beginnen, einigermassen tragfähige Vereinbarungen zu treffen, die es dem Kind erlauben, auch nach der Scheidung einen gelebten Kontakt zu beiden Eltern aufzubauen. */**

Catherine Habegger
geb. 1952, Sozialarbeiterin und Familienberaterin. Ich arbeite seit fünf Jahren u.a. mit Familien in Scheidung. Ich habe als Kind selbst die Scheidung meiner Eltern miterlebt. Ich möchte gerne als Betroffene und als Fachfrau meine Erfahrungen, zusammen mit denjenigen von anderen Betroffenen, zur Verfügung stellen, um Kindern und Eltern Mut zu machen, sich auch in dieser Situation selbst zu helfen und das Beste daraus zu machen. **

Constantina Haefliger-Manika
Dr. phil., Psychotherapeutin, verheiratet. Studium der Psychologie an der Universität Zürich und anschliessend Spezialisierung in Familien- und Paartherapie. In eigener Praxis tätig, mit Schwerpunkt in der Abklärung und Behandlung von Beziehungen. Leitung von entsprechenden Weiterbildungskursen, Supervision und Beratung von Organisationen. ‹In der Zusammenarbeit mit der Familie (bzw. dem Team) freut es mich am meisten zu erleben, dass Menschen ihre ernsten Probleme auch spielerisch und auf originelle Art lösen können.› *

Vera Kling
Diplom-Psychologin, geb. 1935, Paar- und Familientherapeutin in eigener Praxis, verheiratet, ein Sohn im Jugendlichenalter. Als Ehefrau und Mutter bin ich selbst an dem täglichen Balanceakt von Eltern beteiligt zwischen Einmischen und Freilassen, Verbünden und Distanzieren. Als Beraterin in Heimen erlebe ich vor allem den Kummer und die speziellen Schwierigkeiten, die Familien aus der Trennung und Scheidungssituation erwachsen. *

Marianne Rey-Bellet
geb. 1948, Sozialarbeiterin seit 1979, zurzeit in Weiterbildung für Familienberatung. ‹Aus der direkten Betroffenheit als geschiedene Ehefrau und alleinerziehende Mutter hat mich die Mitarbeit an diesem Buch angesprochen. Ich habe dabei erfahren, wie klärend und bereichernd, aber auch schwierig und schmerzlich die Auseinandersetzung mit diesem Stück Lebensgeschichte ist. Nach sieben Jahren bin ich immer wieder neu an dem Punkt, wo ich innerlich loslassen und zum damaligen Entscheid ja sagen muss.› **

* verantwortlich für Elternteil
** verantwortlich für Kinderteil